Lieber Frühling, lieber Sommer

Neue Lieder, Rätsel, Verse
Bastelvorschläge, Geschichten
und lustige Spielideen

Text Rolf Krenzer
Musik Detlev Jöcker
Umschlaggestaltung und Illustrationen
Klaus Junghans

Menschenkinder

Die Lieder dieses Buches sind zusammengefaßt auf der
MusiCassette „Lieber Frühling, lieber Sommer",
erhältlich im Buchhandel oder beim
Menschenkinder Verlag,
An der Kleimannbrücke 97, 48157 Münster.

2. Auflage 1994
Menschenkinder Verlag, 48157 Münster
Druck: E. Holterdorf, 59281 Oelde
Satz und Layout: Thomas Nufer
Printed in Germany 1994
ISBN 3-927497-77-0

Vorwort

Wesentliche Erlebnisse und Erfahrungen, die die Jahreszeiten Frühling und Sommer dem Kind vermitteln, werden in dreizehn Liedern und Geschichten aufgegriffen und so angeboten, daß das Kind sich leicht mit den darin enthaltenen Personen und Inhalten identifizieren kann.

Lieder und Geschichten stellen das in den Mittelpunkt, was das Kinderjahr in den ersten beiden Jahreszeiten anzubieten hat. Das Angebot reicht vom Frühlingseinzug bis zu den Sommerferien und berücksichtigt alle Feste, die von Kindern miterlebt und mitgestaltet werden können, also Kinderfeste wie das Osterfest, der Geburtstag, der Muttertag und der ersehnte Ferienbeginn.

Die neuen Lieder sind zugleich Spiellieder. Sie sollen nicht nur angehört oder mitgesungen werden, sondern darüberhinaus zahlreiche Impulse bieten, die direkt zum kreativen Spiel anregen.

Die neuen Geschichten zu den Liedern greifen einen oder mehrere Aspekte eines Liedes auf, um sie dem Kind emotional noch zugänglicher zu machen. Sie sind so angelegt, daß sie leicht nacherzählt werden können, da insbesondere kleine Kinder lieber beim Erzählen als beim Vorlesen zuhören.

Neben einigen Geschichten aus dem Bereich der Phantasie- und Märchenwelt entspringen alle anderen der direkten Erlebnis- und Erfahrungswelt unseres Kindes und bieten ihm dadurch die Möglichkeit, sich unmittelbar mit der Hauptfigur der jeweiligen Geschichte zu identifizieren. Hier sind auch jeweils die wichtigsten Bezugspersonen, des Kindes, Vater und Mutter, direkt mit einbezogen, so daß geschilderte Erlebnisse in die eigene Familie übertragen werden können. Sie bieten Anregungen, in der eigenen Familie eine gewisse Tradition des Festefeierns und des bewußten gemeinsamen Erlebens zu entwickeln.

Auch die angebotenen Spiel- und Bastelvorschläge stehen in enger Beziehung zu den Liedern und Geschichten, variieren das jeweilige Thema und geben dem Kind einen Anstoß, sich mit möglichst vielen Sinnen in die angesprochene Thematik und Problematik einzubringen.

Kleine Rätsel, Reime, Verse und Gedichte setzen weitere besondere Akzente.

Eine farbige Sammlung also, die Eltern, ErzieherInnen und GrundschullehrerInnen motivieren möchte, die Sing- und Spielanregungen aufzunehmen, und daraus gemeinsam mit den Kindern möglichst viele Ideen in eigenes Tun umzusetzen. Hier bieten bereits die bewußt ganz emotional angelegten Bilder, in denen Kinder „spazieren gehen" können, eine erste Anregung.

● ● ● ● ● Inhalt ● ● ● ●   ● ● ● ● ● Inhalt ● ● ● ●

● ● ● ● ● Inhalt ● ● ● ● ●

● ● ● ● ● Inhalt ● ● ● ● ●

Wann fängt der Frühling an?

Text: Rolf Krenzer / Musik: Detlev Jöcker

1. Wenn der See nicht mehr ver-eist, wenn der Frost dich nicht mehr beißt,

wenn die Son-ne sich ge-traut und hell durch die Wol-ken schaut,

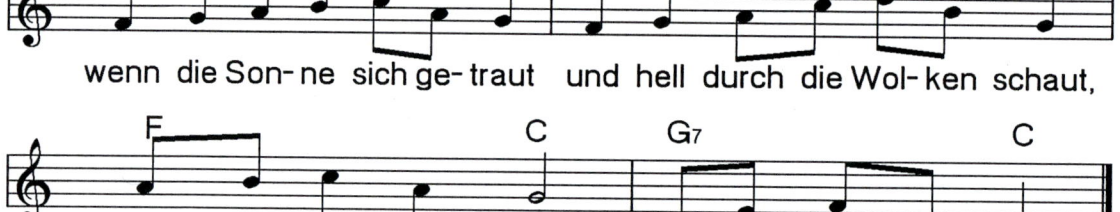

dann, ihr klei-nen Leut; ist es bald so-weit.

2. Wenn der Schnee sich nicht mehr hält,
wenn es grün wird auf der Welt,
zieht ihr eure Mäntel aus
und lauft einfach so hinaus,
dann, ihr kleinen Leut,
ist es bald soweit!

Refrain: Wann, wann, wann
fängt der Frühling an?

3. Wenn ein Vogel fröhlich singt,
wenn es in uns singt und klingt,
wenn die Buschwindröschen blühn
und am Baum das erste Grün,
dann, ihr kleinen Leut,
dann ist Frühlingszeit.

Refrain: Dann, dann, dann
fängt der Frühling an!

● Bastelvorschlag

Im Lied wird erzählt, in welcher Weise der Frühling alles um uns herum verändert: Die Sonne scheint wieder wärmer, und nun können wir die Kleidung wechseln. Die dicken Handschuhe, die Mütze und den Wintermantel brauchen wir nicht mehr.

Am Waldrand und im Garten kommen die ersten Blumen heraus.

In einem großen Bild können wir all das zeichnen und bunt ausmalen, so daß eine leuchtende Frühlingslandschaft entsteht.

Auch ganz einfache Collage-Arbeiten können dazu entstehen:

Auf einer grünen Fläche (Buntpapier, grüner Plakatkarton) entsteht eine bunte Frühlingswiese, indem wir Blüten aus farbigem Buntpapier reißen und aufkleben.

Besonders reizvoll wirkt eine grüne Wiese mit gelben Blumen, so wie man sie in der Natur recht häufig sehen kann.

Sonnenstrahlen fangen

Wir brauchen nur einen kleinen Spiegel, um die Sonnenstrahlen auf eine Wand, auf den Tisch usw. zu projezieren. Nun soll unser Kind hinter den gespiegelten Sonnenstrahlen herlaufen und sie fangen. Hat es wirklich einen gefangen, dann werden die Rollen gewechselt.

April-Spiel

Wir schneiden eine große Sonne aus gelbem Papier aus und kleben auf die Rückseite eine schwarze oder graue dicke Regenwolke.

Wird die Sonne hochgehalten, können alle herumlaufen, springen, toben usw. Wird aber die Sonne umgedreht, kommt die dicke Regenwolke hervor. Dann muß jeder versuchen, ganz schnell unter einen Tisch zu kriechen oder sich sonstwo zu verstecken, wo ihn der Regen nicht erreichen kann.

Wer nicht bemerkt, daß Sonne und Regen gewechselt haben, findet vielleicht als letzter auch noch einen geschützten Platz. Er darf dann in der nächsten Spielrunde auf einen Stuhl steigen und Sonne und Regen wechseln lassen.

Statt die Sonne und die Regenwolke zu zeigen, können wir auch rufen: „Sonne!" „Regen!"

Dabei müssen alle, die dazu im Kreis herum laufen, gut darauf achten, was gerufen wird. Heißt es z.B. statt „Sonne" „Sommer" oder „Sonntag", dann muß sich keiner der Mitspieler in Sicherheit bringen.

Wenn es regnet

Wenn es regnet,
wenn es regnet,
sitzen wir zu Haus.
Scheint die Sonne,
scheint die Sonne,
flitzen wir hinaus.

Scheint die Sonne,
scheint die Sonne,
flitzen wir hinaus.
Wenn es regnet,
wenn es regnet,
flitzen wir ins Haus.

Wenn es regnet,
wenn es regnet,
sitzen wir zu Haus.
Scheint die Sonne,
scheint die Sonne,
flitzen wir hinaus

● Spielvorschlag

Wir halten unsere Hände hinter den Rücken, dann bewegen wir die Finger immer schneller, immer schneller und holen sie dann, wenn die Sonne scheint nach vorn. Wenn wir langsam sprechen, geht alles langsam. Wir können aber auch das Tempo steigern oder variieren.

Im Kreisspiel sitzen wir auf unseren Stühlen, wenn es regnet. Wenn die Sonne scheint, laufen wir im Kreis herum und suchen uns dann schnell wieder einen Platz auf einem Stuhl, sobald es wieder zu regnen beginnt. Auch hier kann das Tempo durch unser Sprechen variiert werden, so daß wir manchmal ganz gemütlich zurück zu unserem Stuhl gehen können, manchmal aber auch richtig flitzen müssen.

Fangt den Winter

Der Spieler, der den Winter spielt, steht den andern Spielern gegenüber.

Die Kinder rufen: „Winter? Winter?
Wo ist der Winter?"

Der Winter antwortet: „Hier ist der Winter!
Fangt mich doch, ihr Kinder!"

Die Kinder rufen: „Wir fangen dich und sperrn dich ein, dann wird es endlich Frühling sein!"

Der Winter ruft: „Fangt mich doch, ihr Kinder! Sonst bleibt es immer Winter!"

Nun rennt der Winter los und versucht, ganz schnell auf die andere Spielseite zu gelangen ohne gefangen zu werden.
Dann darf er bei der nächsten Spielrunde wieder der Winter sein. Wird er aber gefangen, dann wird er von dem abgelöst, der ihn gefangen hat.

Hilf mir, Sonne

Hilf mir, Sonne!
Hilf mir, Sonne,
hilf mir, Sonne,
jag' den Winter doch hinaus!
Hilf mir, Sonne,
hilf mir, Sonne,
ich zieh' schon die Handschuh aus!

Hilf mir, Sonne,
hilf mir, Sonne ,...
ich zieh' schon die Mütze aus!

Hilf mir, Sonne,
hilf mir, Sonne, ...
ich zieh' schon den Mantel aus!

Hilf mir, Sonne,
hilf mir, Sonne ,...
ich zieh' schon die Jacke aus!

Hilf mir, Sonne,
hilf mir, Sonne, ...
ich zieh' schon die Strümpfe aus!

Kommt der Winter,
kommt der Winter
zurück, ja dann
schnell die Handschuh an
und die Mütze auf
und den Mantel an
und die Jacke an
und die Strümpfe an,
daß er uns nicht schaden kann!

● Spielvorschlag

Zu jeder Strophe wird etwas mehr ausgezogen. Aber dann, wenn der Winter wieder zurückkommt, müssen wir alles ganz schnell auch wieder anziehen. Wer schafft es am allerschnellsten? Natürlich kann der Winter auch nach der zweiten oder einer anderen Strophe bereits wieder zurückkommen.

Spottvers

So treiben wir den Winter aus.
Wir jagen ihn zum Land hinaus
und schließen alle Türen.
Dann kann er draußen frieren!

Der Frühling kommt bald

Der Frühling kommt bald!
Der Frühling kommt bald!
Er wartet schon heimlich hinter dem Wald.
Wir wollen ihn suchen hinter den Buchen,
hinter den dichten hohen Fichten.
Hinter den Hecken will er sich verstecken.
Wenn wir ihn entdecken,
rufen wir laut: „Hurra! Hurra!
Der Frühling ist da!
Der Frühling ist da!"

Der April macht, was er will

„Endlich scheint die Sonne wieder hell und warm!" sagte die kleine Frau und öffnete weit das Fenster. Sie lehnte sich hinaus, so daß ihr die Sonne mitten ins Gesicht scheinen konnte. „Jetzt kann ich endlich meinen Einkaufs-Spaziergang machen!" lachte sie.

Schnell stieg sie in die Stiefel, die sie letzten Herbst gekauft hatte. Dann zog sie sich ihre Strickjacke und darüber noch den Mantel an. Sie band sich das Tuch um den Hals und setzte sich den grünen Hut auf den Kopf.

„Fertig!" sagte sie und musterte sich im Spiegel.

Dann griff sie nach dem rotweißen Schirm und nahm ihn auch noch mit. „Man kann nie wissen!" sagte sie und lachte. „Schließlich ist April. Und der April macht, was er will!"

Sie nahm ihre große Einkaufstasche, ging hinaus und schloß die Tür sorgfältig hinter sich ab.

„Hui!" sagte die kleine Frau, als sie ein Stück gegangen war. „Die Sonne meint es wirklich gut. Es ist viel wärmer, als ich gedacht habe! Den Mantel lasse ich besser doch zu Hause!"

Da lief die kleine Frau zurück, schloß die Haustür auf und zog den Mantel schnell aus und hängte ihn an die Garderobe. Dann nahm sie ihre große Einkaufstasche, ging hinaus und schloß die Tür sorgfältig hinter sich.

„Hui!" sagte die kleine Frau, als sie wieder ein Stück gegangen war. „Es ist ja noch wärmer geworden, als ich gedacht habe! Die Stiefel sind viel zu warm!"

So lief die kleine Frau zurück, schloß die Haustür auf und zog die dicken Stiefel aus. Dafür holte sie sich die schicken Sandalen, die sie noch vom letzten Sommer hatte!

Dann nahm sie ihre große Einkaufstasche, ging hinaus und schloß die Tür sorgfältig hinter sich.

„Hui!" sagte die kleine Frau nach einer Weile, als sie wieder ein Stück gegangen war. „Ich komme ja richtig ins Schwitzen! Wozu brauche ich nur den Hut?"

So lief die kleine Frau noch einmal zurück, schloß die Haustür auf und legte den Hut oben auf die Gardrobe. „Das Tuch brauche ich auch nicht!" meinte sie und legte das Tuch dazu.

Dann nahm sie ihre große Einkaufstasche, ging hinaus und schloß die Tür sorgfältig hinter sich.

„Hui!" sagte die kleine Frau nach einer Weile, als sie wieder ein Stück gegangen war. „Es ist ja so warm wie letzten Sommer!" Sie putzte sich den Schweiß von der Stirn.

„Aber jetzt laufe ich nicht mehr zurück!" sagte sie. „Ich nehme die Strickjacke einfach über den Arm!"

Als sie aber die Strickjacke über den Arm gehängt hatte, da gefiel es ihr doch nicht so recht. Die Strickjacke konnte sie gut über dem Arm tragen. Aber da war ja noch die große Einkaufstasche und der riesige rotweiße Schirm.

„Hm!" meinte die kleine Frau und steckte die Strickjacke in die Einkaufstasche. Sie wischte sich mit dem Taschentuch den Schweiß von der Stirn.

„Die Leute lachen mich ja aus, wenn sie mich mit dem Schirm sehen!" sagte die Frau. „Und so weit ist es ja nicht bis nach Hause!"

Also ging die kleine Frau noch einmal mit schnellen Schritten zurück. Sie schloß die Haustür auf und stellte den Schirm in die Garderobe. Dann packte sie auch gleich noch die Strickjacke aus. „Puh!" sagte sie dann und rieb sich die Beine. „Bevor ich jetzt wieder gehe, werde ich mir zuerst doch lieber einen Kaffee kochen und mich ein bißchen ausruhen.

Aber danach gehe ich endlich los und nichts kann mich mehr daran hindern!" So kochte sich die kleine Frau einen guten Kaffee und schüttete sich eine Tasse ein. Als sie den ersten Schluck probiert hatte, fiel ihr ein, daß sie noch von dem guten Sonntagskuchen in der Speisekammer hatte. So holte sie den Kuchen, schnitt sich ein Stück ab, legte es auf den Teller und machte es sich so richtig bequem am Tisch .

Da gab es plötzlich einen lauten Schlag. Und als sich die kleine Frau erschrocken umdrehte, sah sie, daß das Fenster von selbst aufgesprungen war.

„War das ein Windstoß?" fragte sich die kleine Frau und lief schnell zum Fenster, um es wieder zu schließen.

Wie erschrak sie aber, als sie hinausblickte. Die helle Frühlingssonne war verschwunden. Dicke, schwarze Wolken waren aufgezogen, und es regnete und platschte so sehr, daß die kleine Frau ganz schnell das Fenster schließen mußte. Ihr Gesicht, ihr Haar, die Hände und die Bluse, alles war naß geworden. Und unter dem Fenster war eine richtige Wasserpfütze.

„Schade!" sagte die kleine Frau leise und holte den Putzlappen. „Ich hatte mich so auf den Einkaufsspaziergang gefreut. Vielleicht hätte ich ein paar Leute

getroffen.

Vielleicht wären wir zusammen in ein Café gegangen..."

„Ja, der April macht, was er will!" seufzte sie dann und freute sich, als ihr der Kaffeeduft aus ihrer Tasse wieder in die Nase stieg.

„Nanu!" sagte sie dann, als es plötzlich an der Haustür schellte. „Wer kommt denn bei diesem schlechten Wetter zu Besuch?"

Sie lief zur Haustür, öffnete sie und wunderte sich noch mehr.

Da stand Elvira, ihre allerbeste Freundin vor ihr.

Aber wie sah die arme Elvira aus!

Sie trug nur das dünne Kleid vom letzten Sommer und hatte Sandalen an ihren Füßen. Nicht einmal Strümpfe hatte sie an.

Sie war patschnaß von oben bis unten und fror erbärmlich.

„Es war doch so warm!" jammerte sie. „Da wollte ich einen kleinen Spaziergang machen und dich besuchen und habe alle warmen Kleider zu Hause gelassen. Nicht einmal einen Schirm habe ich dabei!"

„Komm schnell herein!" sagte die kleine Frau. „Geh ins Bad! Ich bringe dir warme Sachen!"

Sie holte noch eine Kaffeetasse aus dem Schrank und schnitt noch ein paar Stück Kuchen ab. Dann stellte sie die Heizung ein wenig höher, damit es richtig schön warm wurde.

Und dann saßen sie zusammen, und der Kuchen schmeckte wunderbar und der Kaffee noch besser.

„Gut, daß du wenigstens zu Hause bist und nicht spazieren gegangen bist!" sagte ihre Freundin später. „Das hätte schlimm für mich ausgehen können, wenn du gar nicht da gewesen wärest! Bestimmt hätte ich mir eine Erkältung geholt!"

„Ja, ja!" meinte die kleine Frau und mußte lächeln.

„Warum lachst du?" fragte ihre Freundin.

„Der April macht, was er will!" sagte die kleine Frau und schaute zum Fenster.

Da schien doch wirklich die Frühlingssonne hell und warm durch die Scheiben hinein.

Und als die kleine Frau das Fenster öffnete, hatten sich die Wolken am Himmel auch schon längst wieder verzogen.

„Viel zu schön, um hier drin sitzen zu bleiben!" meinte ihre Freundin.

Da trugen sie den Tisch mit dem Kuchen und dem Kaffee nach draußen. Die kleine Frau kochte noch eine zweite Kanne Kaffee.

Und so saßen sie im Sonnenschein vor der Haustür und freuten sich über den ersten warmen Frühlingstag.

Und wenn es wieder regnen sollte, dann würden sie ganz schnell wieder im Haus sein.

Doch die Sonne schien hell und warm, bis es dunkel wurde.

Osterhäschen Peter, du bist noch zu klein!

Text: Rolf Krenzer / Musik: Detlev Jöcker

1.In der schö- nen Os-ter- zeit   ist es end- lich   nun so- weit:

Al- le Os-ter- ha- sen ma- len   bunt die wei- ßen Ei- er-scha- len.

Auf, ihr Ha- sen,   seid be- reit!   Jetzt ist Ei- er-   ma-le- zeit!

Os- ter- häs- chen Pe- ter   will auch flei- ßig   sein.

Da ruft gleich ein je- der: "Nein! Nein!   Nein!

Laß das   sein!"   Os- ter- häs- chen   Pe- ter,

du   bist   noch   zu   klein!

2. Horst, der Osterhasenkoch,
der kocht Eier noch und noch.
Und bald malen auf dem Rasen
eifrig alle Osterhasen
mit dem Pinsel frisch drauflos,
und der Spaß ist riesengroß!
Osterhäschen Peter
weiß, wie man das tut!
Da ruft gleich ein jeder:
„Nein! Nein! Nein!
Laß das sein!
Osterhäschen Peter
du machst sie kaputt!"

3. Als der Tag zu Ende geht
und der Mond am Himmel steht,
schlafen alle Osterhasen
tief und fest, denn morgen rasen
sie bepackt von Haus zu Haus,
teilen Ostereier aus.
Osterhäschen Peter
ist längst aufgewacht.
Darum hört, was später
leis und sacht
in der Nacht
Osterhäschen Peter
still und heimlich macht.

4. Eier, die das Huhn versteckt,
die hat Peter längst entdeckt.
Und die Farben in den Schalen
reichen noch zum bunt Bemalen.
So hat Peter, ist das toll,
seinen Korb bis oben voll.
Osterhäschen Peter
ist zwar noch recht klein.
Doch heut' nacht ruft keiner:
„Nein! Nein! Nein!
Laß das sein!
Osterhäschen Peter,
du bist noch zu klein!"

5. Eh' der Tag sich sehen läßt
springt er schon von Nest zu Nest,
legt die selbst bemalten Eier
heute zu der Osterfeier
auf die Wiese, in das Nest
und freut sich aufs große Fest.
Osterhäschen Peter,
du bist nicht mehr klein!
Denn heut' früh ruft keiner:
„Nein! Nein! Nein!
Laß das sein!"
Osterhäschen Peter,
du bist nicht mehr klein!

6. Als die Eier dann entdeckt,
haben sich die Leut' erschreckt.
Eiweiß, Dotter, alles zapplig.
Roh und weich und überschwapplich.
Keiner hat sie dann gemocht,
denn sie war'n ja nicht gekocht!
Osterhäschen Peter
rennt verzweifelt los:
„Wartet nur, denn später
bin ich groß!
Dann geht's los!
Erst koch ich die Eier,
dann mal ich drauf los!"

Wer hat den Osterhasen gesehn?

Wer hat den Osterhasen
bei uns zu Haus gesehn?
Was ist mit unserm Rasen
denn heute früh geschehn?
Da liegen Eier, rot und blau
und gelb und braun. Ja, schau genau!
Wir suchen auf dem Rasen
in jedem Osternest.
Und fangen wir den Hasen,
dann halten wir ihn fest.
Wir bieten ihm Karotten an,
bedanken uns ganz fröhlich dann.
Wir streicheln zart dem Hasen
das braune weiche Fell.
Dann springt er übern Rasen.
Verschwunden ist er schnell.

Den Osterhasen fangen

Um den Hasen zu fangen,
den schnellen und scheuen,
muß du etwas Salz
auf den Schwanz ihm streuen.
Mir ist das leider noch nie gelungen,
denn kam ein Häschen dahergesprun-
gen,
hatte ich leider das Salz vergessen.
Ein andermal hab ich lang dagesessen,
tat mit Salz in der Hand nach Hasen
spähen...
Doch dann ließ sich leider kein
einziger sehen.
Komm, nimm das Salz! Ich schenk' es
dir!
Vielleicht klappt es ja mal bei dir!

Pech

Mein Osterei
ging mir entzwei.
Gelbe Soße
auf der Hose.
Schweinerei!

Oster-Rätsel

Ein Tier triffst du auf stillen Wegen,
das soll doch wirklich Eier legen.
Legt es die Eier rot und blau?
Bemalt es sie?
So ganz genau
und ganz bestimmt kann's
keiner sagen.
Du könntest es ja selbst mal fragen!

(Osterhase)

Meine Schale, die ist rund,
einmal blau, mal rot, mal bunt.
Schlägst du auf die Schale drauf,
ißt du mich mit Freude auf.
Erst das Gelbe, dann das Weiße.
Rate, rate, wie ich heiße.

(Osterei)

Zwiebelschaleneier

Ein paar Wochen lang vor Ostern sammeln wir alle Zwiebelschalen. Wenn es
an das Färben geht, werden die Zwiebelschalen im Wasser gut durchgekocht.
Dann geben wir einen Schuß Essig dazu
und legen die rohen Eier hinein.

Je länger die Eier in dieser dunklen Brühe kochen, um so dunkler und kräftiger werden ihre Farben. Anschließend werden sie herausgenommen und mit einer Speckschwarte abgerieben. So entstehen hellbraune und dunkelbraune Ostereier. Wenn wir beim Osterspaziergang einen Ameisenhaufen finden, legen wir ganz vorsichtig ein Ei oben auf den Ameisenhaufen. Wenn nun die Ameisen über das Ei krabbeln, können wir zusehen, wie sich oft zusätzlich hübsche Muster ergeben. Außerdem erhalten die Eier durch die Ameisensäure noch einen ganz besonderen Duft.

Wir können auch frische Gräser, Blättchen, Baumblätter, Petersilie mit einem Tropfen Alleskleber auf die ungekochten Eier kleben. Die Blättchen lassen sich auch mit Zwirn um die Eier wikkeln. Dann wickeln wir die Eier in dünnen Verbandmull und kochen sie in dem Zwiebelsud. Später, wenn alles abgewickelt wird, finden wir die schönsten Muster.

Wickel-Ostereier

Wir können auch vor dem Färben die Eier mit einem Nähfaden umwickeln. Wenn später der Faden abgelöst wird, sind die Ostereier mit vielen Linien geschmückt.

Batik-Ostereier

Wir brauchen flüssiges Bienenwachs oder braunes Stearin.
Mit einem feinen Pinsel malen wir allerlei Muster auf die gekochten, aber noch nicht gefärbten Eier.
Wenn dann die Eier ein paar Minuten in der abgekühlten Ostereierfarbe gelegen haben, können wir das Wachs abkratzen, so daß helle Muster auf farbigem Untergrund entstehen.

Eier-Suchspiel

Jedes Kind erhält zwei Eier in der gleichen Farbe. Ein Ei wird vom Osterhasen versteckt. Nun muß jeder das Ei suchen, das die gleiche Farbe wie sein zweites Ei hat. Wer beim Suchen entdeckt, wo der Osterhase die Eier der übrigen Spieler versteckt hat, darf es natürlich nicht verraten.

Eier-Tickspiel

Jeder nimmt ein hartgekochtes Ei und tickt mit seinem Nachbarn: Spitze gegen Spitze, stumpfe Seite gegen stumpfe Seite. Wessen Ei am Ende noch unbeschädigt oder am wenigsten beschädigt ist, der darf nun gegen einen anderen Spieler antreten.

Ostereier-Bocciaspiel

Auf dem Rasen oder auf dem Teppich stellt ein Stoff- oder Schokoladenosterhase unser Ziel dar. Jeder Mitspieler erhält ein hartgekochtes buntes Osterei in einer anderen Farbe.
Von einem bestimmten Punkt aus soll nun jeder versuchen, ein Ei möglichst dicht an das Ziel heranzurollen. Wer am Schluß die meisten Punkte gesammelt hat, ist Sieger und bekommt als Preis ein besonders schönes Osterei.

Omas Ostereier-Überraschung

Ostern darf Silke ein paar Tage bei Oma verbringen. Papa bringt sie am Donnerstag mit dem Auto. Am Ostermontag kommen dann alle zu Besuch zu Oma: Mama und Papa und natürlich Jan und Mara, die Zwillinge, die zwei Jahre jünger als Silke sind. Am Abend fahren dann alle zusammen wieder heim, denn am Dienstag muß Silke natürlich wieder in den Kindergarten gehen.

So war es auch schon letztes Jahr. Damals hat Silke Oma beim Ostereier-Anmalen helfen dürfen, und das hat viel Spaß gemacht. „Der Osterhase hat zu viel zu tun!"hat die Oma gemeint und Silke zugeblinzelt. „Da müssen wir alle mit anpacken!" Als Silke aber nun zu Oma kommt, staunt sie, wieviel Eier Oma auf dem Schrank in der Küche hat. Vier große Körbe voll Eier.

„Wollen wir die alle färben?" fragt Silke und wundert sich.

Oma nickt. „Natürlich! In diesem Jahr geht es dem Osterhasen noch schlechter als sonst. Da wird wirklich jede Hand gebraucht!"

„Aber so viele Ostereier können wir doch gar nicht essen!" meinte Silke. Voriges Jahr hatte es auch für jeden genug Ostereier gegeben. Aber so viele wie jetzt waren es nicht gewesen. Ganz bestimmt nicht. Da erinnert sich Silke ganz genau. „Sie sind auch nicht alle für euch!" lacht Oma. „Es sind Überraschungs-Ostereier! Aber wir müssen sie alle vor Ostern färben, du und ich!"

Nichts ist schöner als Ostereierfärben! Da können es für Silke gar nicht genug Eier sein, die gefärbt werden sollen.

So machen sich Oma und Silke am Freitag nach dem Mittagessen ans Werk.

Als es bereits dunkel wird, sind sie endlich fertig. So schnell ist Silke die Zeit noch nie herumgegangen. Aber es sind auch wunderschöne Ostereier geworden: rote und grüne, blaue, gelbe und braune. Und dann noch die lila Eier, die Silke ganz allein gefärbt hat.

In Omas Küche riecht es nach Eierfarben und nach Essig, den sie beim Eierkochen in das Wasser geschüttet hat. Außerdem hat Oma noch Ostereier in einem Sud aus Zwiebelschalen gekocht, und die sind ganz besonders schön geworden.

Ein paar Ostereier sind auch beim Kochen geplatzt. „Die können wir nicht bis Ostern aufheben!" sagt Oma und schmunzelt. „Die müssen vorher vernichtet werden!"

Und Silke weiß ganz genau, was das bedeutet.

Heute abend gibt es Butterbrot mit frisch gefärbten Ostereiern. Silke schält sie sorgfältig und schneidet sie in dicke Scheiben, die sie dann auf ihr Brot legt. Etwas Salz darauf und einen Spritzer Maggi.

Oma und Silke lachen sich zu, als sie sich am Tisch gegenüber sitzen und sich die Ostereierbrote so richtig schmecken lassen. Sie schmecken viel besser als die gekochten Eier, die es sonst das ganze Jahr über gibt. Es sind eben richtige Ostereier.

„Und wann holt der Osterhase die Eier?" fragt Silke, als sie ihr letztes Stück Brot gegessen hat.

„Gar nicht!" sagt Oma. „Dieses Jahr

müssen wir alles selbst tun!"

„Den anderen Kindern die Ostereier bringen?" Silke kann es sich nicht vorstellen, daß sie nun von Garten zu Garten mit den Eiern hüpfen soll und den Kindern die Ostereier in ihre Osternester legen.

Oma beruhigt sie. „So schlimm wird es nicht! Du wirst deinen Spaß dabei haben!"

Doch so viel Silke jetzt auch bittet, Oma verrät nichts. Kein Sterbenswörtchen.

„Warte ab bis zum Sonntag!"sagt sie nur. „Dann ist Ostern. Und dann wirst du erleben, was geschieht.

Da bleibt Silke nichts anderes übrig, als der Oma zu helfen. Und gemeinsam schaffen sie es, die Körbe wieder auf den Schrank in der Küche zu stellen. Silke kann es kaum erwarten, bis endlich Ostern ist. Immer wieder läuft sie in die Küche und schaut zu den Körben auf dem Schrank hinauf.

„Sagt uns der Osterhase, wo wir sie verstecken sollen?" fragt sie.

„Er hat es mir bereits gesagt!" lacht Oma und läßt sich nicht erweichen, noch mehr zu verraten.

Was bleibt Silke übrig, als weiter zu warten.

Aber dann ist endlich Ostersonntag.

Silke schielt zum Küchenschrank hinüber. Dort stehen die bis obenhin gefüllten Körbe immer noch.

„Wie sieht es denn aus?" fragt Oma sie. „Willst du keine Ostereier suchen?"

Und als Silke sie erstaunt anblickt, fügt sie hinzu: „Ich habe da vorhin etwas im Garten gehört. Und als ich aus dem Fenster sah, sprang der Osterhase gerade über den Gartenzaun!"

Da hält es Silke nicht länger im Haus. Sie rennt in den Garten, und Oma hat Mühe hinter ihr herzukommen.

Nein, der Osterhase hatte auch dieses Jahr wieder an Silke gedacht. Silke findet bereits nach kurzem Suchen das erste Osterei. Dann noch eines und noch eins. Sie muß schnell ins Haus laufen und das Osterkörbchen holen, das Oma vom letzten Jahr noch aufgehoben hat.

Ein ganzes Körbchen voll Ostereier hat Silke zum Schluß. Dazu einen Riesen-Schokoladen-Osterhasen und einen dicken Schokoladen-Maikäfer. Doch so schön das alles ist, so muß Silke doch immer wieder an die großen Eierkörbe auf Omas Küchenschrak denken. Die anderen Kinder sind doch sicher auch bereits wach. Wie sollen sie da nur noch all die vielen Ostereier verstecken, ohne gesehen zu werden.

„Wir verstecken sie in meinem Garten!" sagt die Oma. „Der ist groß genug!" Dann holt sie mit Silkes Hilfe den ersten Korb vom Schrank herunter und geht damit in den Garten. Und dann beginnt sie, die Ostereier zu verstecken. Im Moos hinter der Kellertreppe, zwischen den Blumenbüschen, neben der großen Regentonne, im Efeu an der Garage. Sie findet immer neue Verstecke.

Und Silke macht es genauso wie Oma. So ist wirklich nach einer Weile der erste Korb leer. Aber Oma ist bereits dabei, den zweiten aus der Küche zu holen. Es dauert eine Weile, bis die Eier aus den vier großen Körben alle in Omas Garten versteckt sind. Am Ende weiß Silke wirklich kein einzige Versteck für die Eier mehr. Aber Oma findet immer noch etwas.

„Du bist besser als der Osterhase selbst!" sagt Silke am Ende anerkennend.

„Das will ich meinen!" antwortet Oma nur. Dann nimmt sie Silke an die Hand und geht mit ihr die Straße hinunter. Unterwegs erzählt Oma von den vielen Leuten, die aus anderen Ländern nach Deutschland gekommen sind. Manche von ihnen sind von weit, weit her gekommen. In dem alten Gemeindehaus, das längst abgerissen werden sollte, hat man viele von ihnen untergebracht. Über neunzig Männer, Frauen und Kinder. Asylanten und Flüchtlinge, die so sehr darauf warten, bei uns eine neue Heimat zu finden.

Silke hat davon schon oft im Rundfunk und in den Nachrichten im Fernsehen gehört. Mama und Papa sprechen auch oft darüber. Aber daß solche Leute ganz in der Nähe von Oma wohnen, das ist ihr neu. „Es ist dort viel zu eng für so viele Menschen!" sagt Oma nach einer Weile. „Und die Kinder haben kaum Platz zum Spielen!"

„Hier wohnen sie!" sagt die Oma dann und bleibt plötzlich stehen. Und darauf geht sie direkt durch das Gartentor, so daß Silke alle Mühe hat, ihr zu folgen. Vor der Haustür steht ein kaputtes Auto, und mehr als zehn Männer sind dabei, es wieder in Gang zu bringen. Sie machen einen fürchterlichen Krach dabei und sprechen in verschiedenen Sprachen, von denen Silke nichts, aber auch gar nichts verstehen kann. Doch als ihr ein schwarzer Mann im blauen Arbeitsanzug freundlich zunickt, lacht sie dankbar zurück.

„Hallo!" sagt die Oma und nickt ihnen zu.

„Hallo!" sagen die Männer.

„Frohe Ostern!" ruft Oma und gibt jedem die Hand. Die Männer blicken sie erstaunt an und lachen ihr zu.

„Wo sind die Frauen?" fragt Oma „Die Kinder?"

„Oh!" Einer der Männer lacht laut, geht zur Tür und ruft etwas mit lauter Stimme in den Hausflur hinein, was weder Oma noch Silke verstehen können.

„Warten bitte!" sagt der Mann. „Kommen gleich!"

Dann wird es in dem Haus lebendig. Es ist so laut wie bei Silke im Kindergarten. Vielleicht noch lauter.

Viele, viele Menschen strömen aus der Tür und scharen sich um Oma und Silke.

„Kommen Sie mit!" sagt Oma fröhlich und winkt den fremden Leuten zu.

„Ist nicht weit!" fügt sie noch zu, als sie bemerkt, daß kaum einer sie versteht.

Doch der schwarze Mann, der vorhin bereits so freundlich war, kommt direkt auf sie zu. Und als er zu sprechen beginnt, da staunt Silke nur, weil sie alles verstehen kann. Sie staunt auch, daß der fremde Mann genauso gut spricht wie sie selbst.

Wenn man die Augen zumacht, spricht er so wie Onkel Eberhard. Und kein bißchen anders!

„Jetzt kommen Sie bitte!" sagt Oma noch einmal und nimmt kurzerhand zwei Kinder an ihre Hand. Und dann stapft sie schnurstracks auf das Gartentürchen zu. Zögernd folgt eine lange Reihe von Menschen. Alte Leute, junge Männer und Frauen, Schulkinder und eben auch Kinder, die so alt sind wie Silke selbst.

Oma versucht dem freundlichen Schwarzen zu erklären, daß Ostern ist. Er nickt immer wieder und sagt es anderen weiter. Aber da gibt es andere Leute, die auch ihn nicht verstehen können.

„Leute aus vierzehn Ländern haben sie hier untergebracht!" sagt Oma zu Silke. „Und es ist vielleicht so eng da drin im Haus! Aber die Menschen sind froh, daß sie in der Freiheit leben dürfen. Deshalb sind sie alle zu uns gekommen!"

Ein langer Zug Menschen geht die Straße entlang bis zu Omas Haus. Silke bemerkt, daß Leute am Fenster hinter den Scheiben stehen, als sie an den Häusern des kleinen Dorfes vorbeikommen. Doch Oma tut so, als würde sie nichts sehen.

Sie hat als erste das Gartentürchen erreicht. Sie lacht den Menschen freundlich zu und öffnet es. Mit einer ebenso freundlichen Handbewegung bittet sie alle, doch zu ihr hereinzukommen.

„Ihr müßt suchen!" sagt die Oma zu den Kindern.

„Suchen!" sagt sie zu den Müttern.

„Ostereier suchen! Alles ist gut! Suchen wie deutsche Kinder!"

Da weiß Silke, was sie tun kann. Sie geht suchend im Garten herum und klatscht laut in die Hände, als sie ein Osterei gefunden hat. Sie schwingt sich mit einem Satz auf den Zweig eines kleinen Baumes, der schon im letzten Jahr ihr Kletterbaum war.

„Sucht Ostereier!" ruft sie immer wieder und schwenkt ihr Ei in der Hand.

Da fangen auch bereits andere Kinder an, nach Ostereiern zu suchen. Und die erwachsenen Leute haben anscheinend auch ihren Spaß daran.

Die Augen der Kinder strahlen, denn so etwas haben sie in ihrem Leben noch nie erlebt. Bald schon hat jeder ein Osterei in der Hand. Doch das Suchen geht noch immer weiter, und alle machen mit. Soviele Leute auf einmal waren noch nie in Omas Garten.

Als Oma sicher ist, daß jetzt alle Ostereier gefunden sein müssen, sieht sie nur lachende Gesichter um sich herum. All die fremden Menschen kommen mit ihren Ostereiern auf Silke und Oma zu, geben ihnen die Hand und bedanken sich in ihrer Sprache. Und Oma steht da, lacht und nickt ihnen immer wieder zu. „Frohe Ostern!" sagt sie.

Die vielen fremden Leute, die Ostereier, das Lachen...Silke spürt, daß sie ein so schönes Osterfest nie vorher erlebt hat. Als dann die fremden Menschen wieder gehen, stehen Oma und Silke am Gartentor und winken ihnen nach. Sie stehen dort nicht allein. Aus den Häu-

sern ringsherum sind viele Nachbarn gekommen. Sie haben sogar noch Ostereier für die Leute mitgebracht und ihnen geschenkt.

„Viele wissen ja noch nicht einmal, was Ostern ist!" sagt ein Mann nachdenklich.

„Jetzt haben sie zuerst einmal Ostereier kennengelernt!" antwortet Oma froh und zufrieden. „Und das ist schon einmal ein Anfang!"

„Alle Achtung!" sagt der alte Herr Bremer aus der Villa vorn in der Straße und sieht Oma anerkennend an. „Wie Sie das gemacht haben! Das macht ihnen so schnell keiner nach!"

„Ja, man muß nur einmal draufkommen!" meint Frau Künzel, die immer besonders nett zu Silke ist.

Und Oma wird rot wie ein kleines Mädchen. So freut sie sich.

Da klopft der alte Herr Bremer Silke auf die Schulter und sagt leise zu ihr: „Auf solch eine Oma kannst du stolz sein!"

Und Silke bleibt nichts anderes übrig, als zu nicken, weil ihr plötzlich vor Freude die Tränen in die Augen steigen.

Die Vögel singen wieder

Text: Rolf Krenzer / Musik: Detlev Jöcker

1.Die Vö- gel sin- gen wie- der im Früh- ling ih- re Lie- der. Sei still und hör gut zu: Ti- ri- li, tschiep, tschiep, ti- ri- li, piep, piep. Sei still und hör gut zu.

2. Sie sträuben ihr Gefieder
und singen Liebeslieder
beim ersten Rendezvous.
Tirili, tschiep, tschiep,
tirili, piep, piep,
beim ersten Rendezvous.

3. Im Baum hoch in den Zweigen
will ich ihr Nest dir zeigen.
Sie baun dort ohne Ruh'.
Tirili, tschiep, tschiep,
tirili, piep, piep,
sie baun dort ohne Ruh'.

4. Wenn Sie dann Eier legen,
dann müssen sie sie pflegen
und brüten immerzu.
Tirili, tschiep, tschiep,
tirili, piep, piep,
und brüten immerzu.

5. Wenn erst die Kleinen schlüpfen
und bis zum Nestrand hüpfen,
dann gibt es keine Ruh.
Tirili, tschiep, tschiep,
tirili, piep, piep,
dann gibt es keine Ruh.

6. Sie schreien nur nach Futter.
Der Vater und die Mutter,
die finden keine Ruh',
Tirili, tschiep, tschiep,
tirili, piep, piep,
die finden keine Ruh'.

7. Und lernen sie erst fliegen,
woran mag das nur liegen?
Sie können es im Nu!
Tirili, tschiep, tschiep,
tirili, piep, piep,
sie können es im Nu!

Ich kann watscheln und kann fliegen,
faul auch auf dem Wasser liegen.
Doch kommt's drauf an,
staunt jedermann,,
wie schnell ich tauchen und
schwimmen kann.

(Ente)

● Spielvorschlag

Mehrere Kinder hocken sich in einem kleinen Kreis zusammen, halten sich fest an den Händen und bilden so das Vogelnest.
Zwei Spieler stellen die Vogeleltern dar, drei bis vier weitere die Vogeljungen.
Und nun kann zu dem Lied gespielt werden, wie sich die beiden Vogeleltern finden, wie sie ihre Jungen füttern und wie die jungen Vogelkinder das Fliegen lernen.

Allerlei Rätsel

Ob ihr wohl den Vogel kennt,
der selber seinen Namen nennt?

(Kuckuck)

Ich trag' ein buntes Federkleid.
Und wer mich sieht, weiß gleich
Bescheid.

Mein Schwanz ist wie die
Sichel krumm.
Stolziere auf dem Hof herum
und gebe ruhig mit Bedacht
auf alle Hühner sehr gut acht.
Und bist du in den Ferien hier,
dann weck' ich dich schon kurz
nach vier!

(Hahn)

Storchennest bauen

Wir brauchen einen Deckel von einem kleinen Senfglas oder sonst einen kleinen Deckel. Je kleiner der Deckel ist, um so schwieriger wird das Spiel.
Dazu viele Mikado-Stäbe oder andere Hölzer.

Wir wollen ein Strochennest bauen. Dazu legen wir - einer nach dem anderen - jeweils ein Hölzchen auf den Deckel. Das muß ganz vorsichtig geschehen, denn es darf nichts herunterfallen. Wenn aber ein Hölzchen herunterfällt oder gar das ganze Storchennest zusammenbricht, dann müssen wir wieder von vorn beginnen.

● Weitere Spielvorschläge

- Jeder erhält gleichviel Hölzchen und muß sehen, so viele wie möglich auf dem Deckel unterzubringen.
Wenn sie herunterfallen, werden sie wieder gleichmäßig aufgeteilt.
- Derjenige, der das Nest zum Einsturz bringt, bekommt alle Hölzchen dazu.
Wer seine Hölzchen zuerst alle verbaut hat, ist Sieger.

Alles, was fliegen kann

Wir sitzen um den Tisch herum und legen beide Hände auf die Tischplatte vor uns.
Der Spielleiter nennt viele Tiere. Wenn es sich um die Tiere handelt, die fliegen hönnen, heben wir die Hände hoch. Bei allen anderen Tieren müssen unsere Hände auf der Tischplatte bleiben.

Vorsicht, der Spielleiter kann die Tiere ganz schnell hintereinander nennen! Da muß man schon gut aufpassen, daß man die Hände im richtigen Augenblick hochhebt oder auf der Tischplatte läßt.
Spielleiter: „Alles, was fliegen kann, fliegt: die Amsel, die Meise,
        der Storch, der Elefant usw.

Ein Erinnerungskalender

Die Tage gehen so schnell vorbei. Jeder Tag steckt voller neuer Erlebnisse. Damit wir uns später noch einmal an etwas, was uns besonders interessiert hat, erinnern können, basteln wir einen Erinnerungskalender.
Wir brauchen zwölf unterschiedliche Schächtelchen. Auf jede kleine Schachtel schreiben wir einen Monatsnamen. Wir können auch ein Bild mit etwas Typischem für den jeweiligen Monat malen, z.B. Maikäfer für den Mai, Weihnachtsbaum für den Dezember.
Was wir jetzt besonders intensiv erleben, was wir davon aufbewahren können, stecken wir in das Schächtelchen, z.B. ein Stück Schale eines im Wald gefundenen leeren Vogeleis, eine kleine Feder usw.
Später, wenn wir das Schächtelchen vielleicht im Winter wieder öffnen, erinnern wir uns an diesen Frühlingstag, an dem wir die Eierschalen gefunden haben und können uns noch einmal erzählen, wie es damals war.
Die zwölf Schächtelchen können auf einen Holzreif aufgeklebt und an die Wand gehängt werden.

Die Enten auf dem Dach

„Das müßt ihr euch ansehen!" sagte Papa eines Nachmittags und holte Pia und Mama herbei. „Auf unserem Dach haben zwei Enten ein Nest gebaut!"
Pia und Mama wollten es nicht glauben, aber es war wirklich so, wie Papa gesagt hatte.
Pias Haus stand direkt hinter dem Deich. Da gab es vor dem Haus nur eine winzigkleine Wiese und davor den schmalen Weg. Wenn Pia dann auf den Deich hinaufstieg, auf dem meistens die Schafe weideten, konnte sie bereits den Fluß mit dem schmalen Ufer unter sich sehen. Manchmal trat der Fluß über die Ufer und überschwemmte alles. Deshalb hatten die Menschen bereits vor langer Zeit die hohen Deiche gebaut. Sie schützten die Häuser und Felder, die dahinter lagen. Aber meistens zog das Wasser des Flusses gemütlich dahin, so daß Pia dort immer den Enten zusehen konnte, die aus dem Schilf herauskamen und auf dem Wasser herumpaddelten.
In diesem Jahr war der Fluß wieder einmal so stark und reißend gewesen, daß die Enten aus dem Schilf geflüchtet waren. Aber jetzt war der Fluß längst wieder klein und ruhig geworden.
„Unser Dach geht recht tief hinunter!" meinte Papa. „Da haben sie sicher gedacht, daß es am Schornstein oben für sie am sichersten sei! Und sehr hoch ist unser Haus ja auch nicht!"
„Ein Entennest auf dem Dach!" Mama schüttelte nur den Kopf. „Davon habe ich noch nie im Leben etwas gehört!"
„Warte nur ab!" sagte Papa und lachte.
„Meinst du, da liegen Eier drin?" fragte

Pia ganz aufgeregt.
Papa zuckte nur mit der Schulter. „Warten wir es ab!" sagte er.
Und dann war es Mama, die wirklich die Enten zuerst auf dem Dach entdeckte.
„Eine sitzt auf dem Nest und brütet!" sagte sie, als Pia aus dem Kindergarten nach Hause kam. Dann stiegen sie zusammen den Deich hinauf, denn von hier aus konnten sie es am allerbesten sehen.
„Schau dir das an!" rief Mama und holte auch noch Papa herbei.
Wirklich, auf dem Nest saß eine braune Ente und brütete. Sie hockte neben dem Schornstein und breitete ihre Federn so weit auseinander, daß von dem Nest nicht mehr viel zu sehen war.
Pia lief den ganzen Nachmittag immer wieder einmal den Deich hinauf, um nach dem Nest zu sehen. Und am nächsten Morgen erzählte sie allen Kindern davon im Kindergarten.
„Ist das wirklich wahr?" fragte Grete, ihre Erzieherin.
Pia nickte stolz. „Wirklich!" sagte sie. „Ganz wirklich!"
„Dann machen wir morgen früh einen Ausflug zu Pia!" schlug Grete vor, und alle Kinder stimmten begeistert zu.
Als Pia aber ihrer Mutter davon erzählte, schwang sie sich auf ihr Fahrrad und nahm Pia mit ins Dorf. „Dann müssen wir ja etwas zum Frühstücken für euch vorbereiten, wenn ihr mit der ganzen Gruppe zu uns kommt!" sagte sie und kaufte ein paar Tüten Mehl, dazu Milch und Eier ein. So viel, daß sie beim Rückweg Pia nicht mehr mit auf das Rad nehmen konnte. So schob sie das Rad und Pia ging neben ihr her. Als

ihnen der Eiswagen begegnete, stoppte, Mama ihn und spendierte für Pia ein Riesen-Schokoladeneis. Dann machten sie sich auf den Heimweg. Papa hatte sich extra dafür Opas Fernglas ausgeborgt.

„Jetzt werden sie bald flügge!" meinte Papa.

„Was ist das?" wollte Pia wissen.

„Dann verlassen sie ihr Nest. Und bald darauf schwimmen sie mit ihren Eltern drüben im Fluß!"

„Aber sie müssen doch über den Deich!" meinte Pia zweifelnd.

„Das schaffen sie ganz leicht!" sagte Papa.

„Und wie kommen sie von unserem Dach herunter?" fragte Pia dann.

Da kratzte sich Papa hinter dem Ohr.

„Ja, Pia," sagte er dann, „wenn ich das wüßte!"

„Vielleicht mußt du sie mit der Leiter herunterholen?" meinte Pia.

„Mal sehen, ob mich die Enten darum bitten!" lachte Papa.

„Du Dummkopf!" rief Pia. „Enten können doch nicht sprechen!"

Da kitzelte Papa Pia so doll, daß sie fast zusammen den Deich herunter gerollt wären. Aber nur fast. Papa bremste im letzten Augenblick noch.

„Und was kochst du für uns, wenn wir morgen früh kommen?" fragte Pia Mama, als sie mit Papa heimkam.

„Wird nicht verraten!" sagte Mama.

„Laß dich überraschen!" lachte Papa und lief davon, weil Pia ihn jetzt kitzeln wollte.

Am nächsten Tag führte Pia stolz Grete mit allen Kindern nach Hause. Pias Mama erwartete sie bereits. „Wenn ihr etwas sehen wollt, müßt ihr ganz leise

sein!" sagte sie und stieg mit ihnen den Deich hinauf. „Dort neben dem Schornstein ist das Nest!"

Natürlich durfte jeder auch einmal durch das Fernglas gucken.

Eine große Ente saß neben dem Nest. Die andere Ente saß unter dem Dach und lockte mit leisem Quaken. Dann nahm sie Anlauf und flog auch zum Nest hinauf.

„Wie kommen die Kleinen denn vom Dach herunter?" fragten die Kinder.

„Ja, das wissen wir auch nicht!" sagte Pias Mutter.

„Vielleicht warten sie ab, bis sie richtig fliegen können!" meinte Arne.

„Vielleicht!" meinte Grete.

„Und wenn sie Hunger haben?" fragte Dorte.

„Sie werden noch von ihren Eltern gefüttert!" lachte Pia. „Das habe ich schon gesehen!"

„Bei uns gibt es auch etwas zu essen!" sagte da Mama und lud die Kinder zu frisch gebackenen Waffeln mit Kirschkompott und Kakao ein.

Sie aßen sich rundum satt und bedauerten es sehr, als sie dann wieder zurück zum Kindergarten gehen mußten. Nur Pia durfte gleich hier bleiben. Sie winkte den Kindern und Grete nach, solange sie sie noch sehen konnte.

Dann lief sie wieder hinauf auf den Deich.

Kurze Zeit später war sie schon wieder bei Mama in der Küche. „Das mußt du sehen!" rief sie aufgeregt. „Mama, komm ganz schnell!"

Und dann standen Mama und Pia auf dem Deich und sahen zu, was auf dem Dach passierte.

Die jungen Enten waren aus dem Nest

herausgeklettert und spazierten unsicher und wackelig auf dem Dachfirst herum. Wenn sie abrutschten, klammerten sie sich in dem Rieddach fest.

Jetzt war Pia richtig froh, daß ihr Dach mit Schilf gedeckt war und nicht mit Ziegeln so wie bei den meisten Häusern. Unter dem Dach aber standen die beiden Enten-Eltern und riefen nach ihren Küken. Bald darauf flog eine Ente zu den Jungen hoch. Sie wurde stürmisch von ihnen begrüßt.

Doch die Ente setzte sich auf ihren Po und rutschte das Dach hinunter. Als sie fast unten war, breitete sie die Flügel aus und landete sicher auf der Wiese vor dem Haus.

„Sie zeigt ihnen, was sie machen sollen!" sagte Papa leise und legte seinen Arm um Pia. Pia war ja so froh, daß er schon heimgekommen war.

Die Kleinen klammerten sich ängstlich am Dach fest.

Da flog die andere Ente zu ihnen hoch. Auch sie rutschte auf dem Po das Dach hinunter und breitete im letzten Augenblick ihre Flügel aus.

„Sie können doch noch gar nicht fliegen!" flüsterte Pia mitleidig.

Doch da versuchte es das mutigste Küken auch. Wackelig saß es auf seinem Hinterteil und schoß dann voller Schwung das Dach hinunter. Am Dachende aber konnte es die Flügel nicht ausbreiten. So purzelte es über das Dach, überschlug sich ein paarmal in der Luft und fiel dann auf die Wiese.

Voller Angst preßte Pia ihre Hand an den Mund.

Das Kleine aber zappelte ein bißchen, stand dann auf, schüttelte sich nach allen Seiten und marschierte schnur-

stracks auf seine Eltern zu.

„Sieh doch nur!" sagte Mama und deutete auf das Dach.

Wirklich, jetzt getrauten sich die anderen Küken auch.

Eines nach dem anderen ließ sich über das Dach gleiten und purzelte dann über den Dachrand hinunter in das Gras.

„Das hätten deine Freundinnen und Freunde mal sehen müssen!" sagte Papa, und Pia nickte nur.

Aber dann sagten sie gar nichts mehr. Die beiden Enteneltern kamen nämlich mit ihren Küken den Deich hinauf gewatschelt. Zuerst die eine Ente, dann die andere Ente und dann, eins hinter dem anderen, die putzigen Kleinen.

Zielsicher watschelten sie über den Deich und auf der anderen Seite wieder hinunter. Dann über ein kleines Stückchen Wiese durch das Schilf und dann ins Wasser hinein.

„Das habe ich noch nie im Leben gesehen!" sagte Mama ganz glücklich.

„Warum hast du das nicht geknipst?" fragte sie Papa.

Oh, wie ärgerte sich Papa da über sich selbst. Sein Fotoapparat und die Videokamera lagen seit vorgestern bereits griffbereit auf demSchrank. Und ausgerechnet jetzt hatte er sie vergessen.

Liebe Sonne, komm und scheine

Text: Rolf Krenzer / Musik: Detlev Jöcker

1. Lie-be Son-ne, komm und schei-ne, ja, dann lau-fen wir hin-aus.

Gehn spa-ziern im Son-nen-schein, al- le Leu-te hin-ter- drein.

Komm, mach mit und du wirst sehn: Heu-te wird es schön.

2. Liebe Sonne, komm und scheine,
ja, dann gehn wir durch den Wald.
Pflücken Erdbeer'n, rot und rund,
stecken sie gleich in den Mund.
Komm, mach mit, und du wirst
sehn:
Heute wird es schön!

3. Liebe Sonne, komm und scheine,
ja, dann gehen wir zum Markt.
Kaufen einen Luftballon.
Halt ihn, sonst fliegt er davon!
Komm, mach mit, und du wirst
sehn:
Heute wird es schön!

4. Liebe Sonne, komm und scheine,
ja, dann gibt's ein großes Spiel.
Her den Fußball! So ists fein!
Schieß ihn in das Tor hinein!
Komm, mach mit, und du wirst
sehn:
Heute wird es schön!

5. Liebe Sonne, komm, und scheine,
ja, dann feiern wir ein Fest.
Tanzen rundherum im Kreis,
lutschen Schokoladeneis.
Komm, mach mit, und du wirst
sehn:
Heute wird es schön!

6. Wenn es auch mal feste regnet,
ja, das macht uns gar nichts aus.
Holen unsren Schirm heraus,
lachen dann den Regen aus.
Komm, mach mit, und du wirst
sehn:
Heute wird es schön!

Abzählreime

Sonne, Sonne, laß dich sehen,
alle wolln spazierengehn.
Sonne, Sonne, komm heraus!
Eins, zwei, drei und du bist aus!

Durch die Pfützen flitzen,
daß die Pfützen spritzen,
das ist schön
...und du darfst gehn!

Sonne, komm heraus!
Wir warten all im Haus.
Läßt sich die Sonne sehn,
dann darfst du gehn!

Zwei kleine Rätsel

Große Leute, kleine Leute,
alle haben sehr viel Freude,
bietet man so dann und wann
ihnen bunte Kugeln an.
Sie sind süß.
Wie Schnee so kalt.
Eßt sie schnell!
Sie tauen bald.
Himbeer, Erdbeer, Nuß, Banane!
Alles mit und ohne Sahne.

(Eis)

Ich bin in einer Flasche drin
und schlafe ruhig vor mich hin.
Doch schütte mich ins Gläschen,
dann steigen kleine Bläschen
dir bis hinein ins Näschen
und vor dir auf und nieder.
Du trinkst mich immer wieder.

(Selterswasser, Sprudel)

Ballfangen

Wir bilden einen größeren Kreis um ein Kind. Nun wird der Ball kreuz und quer durch den Kreis gerollt. Das Kind in der Mitte muß ständig versuchen, den Ball zu fangen oder wenigstens zu berühren. Wenn ihm das gelingt, darf es den Platz mit dem Kind tauschen, das zuletzt den Ball gerollt hat.
Eine zweite Möglichkeit: Der Ball wird nicht gerollt, sondern geworfen.

Ball im Tor

Wir stellen verschiedene Tore auf (eventuell Pappkarton mit verschieden großen Öffnungen). Aus einer vorher festgesetzten Entfernung soll nun der Ball in eine dieser Öffnungen (Tore) gerollt werden. Wer ein Tor trifft, erhält einen Punkt.

Eine zweite Möglichkeit: Verschiedene Tore ergeben unterschiedliche Punktzahl. Das schwierigste Ziel erhält die höchste Punktzahl.

Ball im Kreis

Wir sitzen im Kreis. Der Spielleiter wirft einem nach dem anderen den Ball zu, der aufgefangen werden soll.

Wer ihn nicht fängt, muß auf einem Bein stehen. Beim nächstenmal muß er sich hinknien. Dann auf einem Bein stehen, sich setzen usw. Wenn er aber den Ball fängt, rückt er wieder eine Stufe nach vorn auf.

Das Kaufhaus ALLES DA

Ein Spiel, das man mit wenigen Kindern ebenso wie mit vielen Kindern spielen kann. Wir können es im Garten, auf einer Waldlichtung und überall dort spielen, wo es viele Dinge zu finden gibt.

Der Kaufmann ruft laut nach den Sachen, die er in einem Kaufhaus verkaufen will. Wer sie ihm zuerst bringt, bekommt einen Punkt:

Ich brauche einen Tannenzapfen, zwei runde Steine, sieben Fichtennadeln, eine Pusteblume, zwei Ästchen, ein leeres Schneckenhäuschen usw.

Vom kleinen Jan, der nicht einschlafen konnte

An einem hellen Sommerabend, als es nicht dunkel werden wollte, lag der kleine Jan in seinem Bett und konnte nicht einschlafen. Auf der Straße hörte er noch die Leute miteinander reden. Und imGarten hinter dem Haus spielten immer noch die großen Kinder, die nicht so früh, wie der kleine Jan, ins Bett mußten.

„Ich kann nicht einschlafen!" jammerte der kleine Jan, als seine Mama zu ihm ins Zimmer kam. Da setzte sich die Mama an sein Bett und las ihm eine Geschichte vor. Der kleine Jan legte sich ganz weit zurück, kuschelte sich in sein Kissen und hörte zu.

„Bist du jetzt richtig müde?" fragte seine Mama, als sie die Geschichte zu Ende gelesen hatte.

„Ich weiß nicht!" sagte der kleine Jan. „Aber ich kann immer noch nicht einschlafen!"

„Dann schicke ich dir jetzt mal den Papa!" sagte die Mama.

„Ich kann nicht einschlafen!" jammerte der kleine Jan, als sein Papa zu ihm ins Zimmer kam. Da setzte sich der Papa an sein Bett und erzählte ihm eine Geschichte. Es war eine wunderschöne Geschichte. Und der kleine Jan legte sich ganz weit zurück, kuschelte sich in sein Kissen und hörte zu.

„Bist du jetzt richtig müde?" fragte sein Papa, als er die Geschichte zu Ende erzählt hatte.

„Ich weiß nicht!" sagte der kleine Jan. „Aber ich kann immer noch nicht einschlafen!"

„Dann schicke ich dir jetzt mal die

Oma!" sagte der Papa
„Ich kann nicht einschlafen!" jammerte der kleine Jan, als seine Oma zu ihm ins Zimmer kam. Da setzte sich die Oma an sein Bett und sang ihm ein Lied vor. Es war ein wunderschönes Lied mit vielen Strophen. Und der kleine Jan legte sich ganz weit zurück, kuschelte sich in sein Kissen und hörte zu.

„Bist du jetzt richtig müde?" fragte seine Oma, als sie das Lied zu Ende und noch ein zweites dazu gesungen hatte.

„Ich weiß nicht!" sagte der kleine Jan. „Aber ich kann immer noch nicht einschlafen!"

„Dann schicke ich dir jetzt mal den Opa!" sagte die Oma.

„Ich kann nicht einschlafen!" jammerte der kleine Jan, als sein Opa zu ihm ins Zimmer kam.

„Du hast es gut!" sagte der Opa und stellte sich an das Fenster. „Ich würde so gern abends noch ein bißchen wach bleiben, aber ich bin so müde, daß ich immer gleich einschlafe. Wenn mich die Oma nicht geweckt hätte, könnte ich jetzt nicht zum Fenster hinaussehen."

„Ich kann von meinem Bett aus auch ein bißchen aus dem Fenster sehen!" meinte der kleine Jan. „Aber es ist langweilig!"

„Kannst du auch den Mond von deinem Bett aus sehen?" fragte der Opa.

„Der Mond kommt doch erst, wenn es dunkel wird!" sagte der kleine Jan. „Und jetzt ist es draußen noch viel zu hell!"

„So?" fragte der Opa. „Und wer ist das dort oben?" Er zeigte mit seiner Hand zum Himmel hinauf.

„Der Mond!" flüsterte der kleine Jan und konnte es nicht glauben. „Aber es ist doch noch so hell!"

„Er ist schon lange da", meinte der Opa, „und wartet, daß es endlich richtig dunkel wird.

„Siehst du den Baum vor deinem Fenster?" fragte der Opa nach einer Weile.

„Ja!" sagte der kleine Jan. „Er ist ja immer da. Und er ist langweilig!"

„So?" fragte der Opa. „Er hat heute abend Besuch bekommen! Beim Baum ist heute abend etwas los!"

„Ich sehe nichts und höre nichts!" sagte der kleine Jan und richtete sich im Bett auf.

Da öffnete der Opa das Fenster. „Hörst du jetzt etwas?" fragte er dann.

„Es brummt so um den Baum herum!" meinte der kleine Jan.

„Das sind Mücken! Sie kommen jeden Abend zum Baum und erzählen ihm, was sie alles am Tag gesehen haben. Der Baum muß ja immer vor deinem Fenster stehen und kann nicht fort. Wenn die Mücken nicht zu ihm kämen, würde er keine Neuigkeiten erfahren."

„Was erzählen sie ihm denn?" fragte da der kleine Jan.

„Das kann ich dir nicht alles sagen!" sagte der Opa. „Da mußt du schon selbst zuhören!"

„Verstehst du, was sie sagen?" fragte der kleine Jan.

„Natürlich!" antwortete der Opa leise. „Wie bin ich froh, daß mich die Oma heute abend noch geweckt hat. Sonst würde ich längst schlafen und könnte den Mücken nicht zuhören. Übrigens, die kleinen Vögel oben im Nest schwatzen immer dazwischen. Warum müssesn sie nur so vorlaut sein?"

„Komisch!" sagte der kleine Jan. „Ich höre die Mücken nur brummen. Und von einem Nest in dem Baum weiß ich auch nichts!"

„Ja, wenn man nicht richtig guckt und hört!" flüsterte der Opa. „Die großen Leute haben ja keine Zeit dazu. Aber die

Bett zu und setzte sich zu ihm.

„Ich höre sie hier fast noch lauter als am Fenster!" meinte er.

„Aber nicht, wenn du im Bett liegst!" sagte der kleine Jan.

Kinder und die alten Leute, die sollten sich darum kümmern. Sie haben Zeit, viel, viel Zeit!"

„Ich habe jetzt viel Zeit, denn ich kann nicht einschlafen!" sagte der kleine Jan und blickte gebannt in den Baum. „Dort oben ist auch das Nest!"

„Aha!" sagte der Opa. „Verstehst du jetzt auch, was sie da drüben im Baum reden, die Mücken und die jungen Vögel?"

„Du bist näher dran als ich!" meinte der kleine Jan und wollte aufstehen und zu seinem Opa an das Fenster kommen.

„Daran liegt es nicht!" sagte der Opa. „Du sprichst noch viel zu viel. Du mußt ganz lange still sein, dann kannst du sie verstehen!"

Er kam langsam vom Fenster auf Jans

Da legte sich der Opa ganz nah an die Bettkante neben den kleinen Jan und war ganz still.

„Schläfst du, Opa?" fragte der kleine Jan nach einer Weile.

„Nein!" flüsterte der Opa. „Ich höre ihnen zu. Und ich kann hier alles noch besser verstehen. Sogar ohne mein Hörgerät!"

Oja, der kleine Jan wußte nur zu gut, wie schwerhörig sonst der Opa war. Alles mußte man ihm zweimal oder dreimal sagen, bevor er es verstand.

„Ehrlich!" fragte der kleine Jan.

„Ehrlich!" sagte der Opa.

„Du hast ja die Augen zu!" sagte der kleine Jan nach einer Weile.

„Damit ich besser hören kann!" antwortete der Opa.

Der kleine Jan hörte jetzt auch das Brummen viel lauter. Unten auf der Straße war es still geworden. Und die großen Kinder spielten auch nicht mehr im Garten.

Aber die kleinen Vögel im Nest machten immer mehr Lärm.

„Ich höre jetzt alles!" sagte der kleine Jan seinem Opa ins Ohr. „Aber ich verstehe immer noch nicht, was sie sagen!"

„Mach mal die Augen zu!" antwortete der Opa. „Du wirst dich wundern!"

Da legte sich der kleine Jan auf sein Kissen zurück und schloß die Augen. Er wartete und wartete.

Und dann hörte es sie wirklich miteinander sprechen.

„Ein wunderschöner Sommerabend!" zirpte eine Mücke. Oder war es eine Grille?

„Es gibt nichts Schöneres, als so viel Besuch zu bekommen!" War das wirklich der Baum, den der kleine Jan jetzt sprechen hörte.

„Die Katze kommt aber nicht hinauf bis zu unserem Nest?" Das mußten die jungen Vögel sein.

„Bestimmt nicht!" sagte der Baum mit ruhiger, guter Stimme. „Da passe ich schon auf. Und der kleine Jan auch!"

„Der kleine Jan schläft doch längst!" piepsten die kleinen Vögel.

„Bestimmt nicht!" antwortete der Baum. „Er hat die Augen geschlossen, damit er uns besser verstehen kann."

Der kleine Jan nickte auf seinem Kopfkissen.

„Er träumt!" sagte sein Papa leise. Er war heimlich in Jans Zimmer gekommen.

„Was mag er träumen?" fragte die Mama, die neugierig hinter dem Papa

hergekommen war.

„Jedenfalls schläft er so fest wie sein Opa!" sagte die Oma und rüttelte den Opa leicht an der Schulter.

„Pst! Er schläft nicht!" flüsterte der Opa und stand ganz vorsichtig aus dem Bett auf. „Er hört dem Baum und den Mücken und den jungen Vögeln im Nest zu. Da dürfen wir ihn nicht stören!"

So gingen alle vier ganz leise aus dem Zimmer des kleinen Jan hinaus und schlossen ebenso leise die Tür hinter sich.

„Kannst du mich jetzt richtig sehen?" fragte da jemand.

„Natürlich sehe ich dich!" flüsterte der kleine Jan. „Es ist ja jetzt auch richtig dunkel geworden. Und dein Licht ist so wunderschön, so...."

„Geheimnisvoll!" sagte der Mond den Satz des kleinen Jan zu Ende. „Das ist das geheimnisvolle Traumlicht! Es bringt die Menschen zum Träumen!"

„Ich kann aber nicht einschlafen!" flüsterte der kleine Jan. „Ich halte nur die Augen zu, damit ich dich besser hören kann!"

„Ich weiß! Ich weiß!" sagte der Mond freundlich. „Das ist ganz lieb von dir!" Er seufzte leise. „Aber jetzt muß ich weiter! Es warten schon so viele auf mich!"

„Gibst du auf die Katze acht, wenn ich doch einschlafen sollte?" fragte der kleine Jan. „Sie darf den kleinen Vögeln drüben im Nest nichts tun!"

„Ganz bestimmt!" sagte der Mond. „Der Baum und ich geben acht. Und morgen früh kannst du selbst nachsehen, ob sie noch da sind!"

„Danke, Mond!" sagte der kleine Jan so leise, daß ihn nur noch der Mond verstehen konnte.

Weil du meine Mutti bist

Text: Rolf Krenzer / Musik: Detlev Jöcker

2. Ich schenke dir den Blumenstrauß
und sage dankeschön.
Wie gut ich dir von Herzen bin,
das kannst du daran sehn.

Refrain:
Weil du meine Mutti bist...

3. Und legst du deinen Arm um mich,
drück' ich mich fest an dich.
Und du läßt mich und ich laß dich
im Leben nie im Stich!

Refrain:
Weil du meine Mutti bist...

4. Wenn ich einst selber Kinder hab',
so kommt's mir in den Sinn,
wünsch' ich, daß ich genau wie du,
so eine Mutti bin.

Refrain:
Weil du meine Mutti bist...

Was kann ich am Muttertag für dich tun?

Mutti, sag, was kann ich nun
am Muttertag heut für dich tun?
Soll ich einen Kuchen backen?
Soll ich dir ein Päckchen packen?
Soll ich gleich zum Kaufmann laufen
und ein neues Kleid dir kaufen?
Oder für dich kochen, braten?
Garten graben mit dem Spaten?
Die Kartoffeln schälen, schneiden?
Einen Pudding zubereiten?
Liebe Mutti, sag mir nun,
was kann ich nur für dich tun?

Danke! Das hat wenig Sinn,
weil ich schon fast fertig bin.
Doch bei dir in deinem Zimmer
sieht es aus so schlimm wie immer.
Tu was Liebes! Geh und lauf!
Räume jetzt dein Zimmer auf!
Tu's für mich, tu's für dich,
ja, mein Schatz, dann freu ich mich.

Immer! Immer!
Nur mein Zimmer!
Muß das wirklich heute sein?
Mutti, du bist so gemein.
Ausgerechnet das
macht mir keinen Spaß!

Reime und Verse

Ich hab dich,
und du hast mich.
Das kann doch jeder sehn,
wie gut wir uns verstehn.

●

Mutti, ach wie lieb ich dich!
Ohne dich wärs fürchterlich!

●

Mama und Papa
hör ich gern lachen,
wenn sie Quatsch
zusammen machen.
Mama und Papa
kann ich nicht leiden,
wenn sie sich streiten.

●

Meine Mutti,
meine Mutti
ist die beste Frau der Welt,
weil mir außer meiner Mutti
keine andre Frau gefällt.

●

Weil ich dich so gerne mag,
sage ich dir jeden Tag,
daß ich dich so gerne mag
jeden Tag und jeden Tag.

Kleines Küken, sag mir nun

Kleines Küken, sag mir nun,
deine Mutter, sie heißt (...) Huhn.

Kommt das Schäfchen her so brav.
„Meine Mutter ist ein (...) Schaf!"

Kommt das Kälbchen noch dazu.
„Meine Mutter ist die (...) Kuh."

Sagt das Fohlen: „Meine gute
Pferdemutter, sie heißt (...) Stute."

Und das Ferkel grunzt: „Gemein!
Meine Mutter ist ein (...) Schwein!"

Kind, nun sag mir, wenn du's weißt,
sag, wie deine Mutter heißt!

„Meine", sagt das Kind mit Witz,
„meine Mutter heißt Frau Schmitz!"

● Spielvorschlag

Einer spricht den Vers bis (....)
Das Kind sagt dann das letzte Wort.

Familienknoten

Die Mutti darf sich in die Mitte stellen, und alle anderen kommen zu ihr, drücken sich ganz nah an sie, legen die Arme um sie herum, rücken immer enger zusammen, so daß kein Platz mehr dazwischen bleibt und sich jeder so richtig dazugehörig und geborgen fühlen kann.
Wenn wir uns ein bißchen ausgeruht haben, wird ein Familienknoten um Vati herum gemacht. Und danach darf jedes Kind einmal in die Mitte.

Blumenvase

Blumen zum Muttertag. Natürlich brauchen wir dafür eine Vase.
Wir suchen eine alte Milch- oder Bierflasche (Einwegflasche). Dazu brauchen wir Sand aus dem Sandkasten, Alleskleber, Plaka-Farben, Lack und Zeitungen als Unterlage.
Zunächst streichen wir die Flasche rundherum mit Alleskleber ein.
Anschließend wälzen wir die Flasche in Sand.
Darauf streichen wir die Flasche mit Plaka-Farben an. Wenn anschließend noch Teile des Glases durchschimmern, ergibt dies einen besonderen Effekt.
Wenn die Farben getrocknet sind, wird die Flasche zum Abschluß lackiert.

Was ich Mutti sagen möchte

Du bist immer für mich da,
sorgst für mich an allen Tagen.
Darum will ich Dir dafür
heute „danke" sagen.

•

Einmal bin ich nicht mehr klein.
Hab' ich selber Kinder, dann
möchte ich, so gut ich kann,
genau wie Du, liebe Mutti, sein.

•

Diese schöne Blume
blüht nur für dich allein.
Weil ich dich so lieb hab',
sollst Du Dich drüber freun.

•

Diese kleine Blume
als Gruß von mir
sagt Dir ohne Worte:
Ich danke Dir!

•

Ich geb' Dir einen Kuß
mit einem Blumengruß
und drück' Dich fest dazu:
So lieb,
so lieb,
so lieb bist Du!

Nicht nur Muttertag!

„Sonntag ist Muttertag!" sagt Frau Wagner und sieht die Kinder ihrer Gruppe erwartungsvoll an. Da schreit bereits Cornelia: „Letztes Jahr haben wir für unsere Mutti extra einen Kuchen gebacken. Mein Vati und ich. Aber dann mußte Mutti uns doch helfen, weil es nicht richtig geklappt hat!"

„Mein Papa kauft für Mutti immer Blumen!" sagt Beat. „Und für die Oma auch!"

„Am Muttertag muß man ganz besonders lieb zu seiner Mutter sein!" meint Lilo.

„Sonst nicht?" fragt Frau Wagner.

Da müssen alle lachen. Die Kinder rufen durcheinander: „Natürlich! Sonst auch immer!"

„Aber man braucht ihr sonst nicht immer etwas zu schenken!" meint Tobias nachdenklich. „Nur zu Weihnachten, zum Geburtstag und zum Muttertag!"

„Warum wollen wir denn zum Muttertag etwas schenken?" fragt Frau Wagner.

„Weil sie immer für uns kocht!" „Weil sie für uns putzt und wäscht!" „Weil sie für uns einkauft!" „Weil sie immer für uns da ist!"

Den Kindern fällt immer noch etwas ein.

„Ich male ihr ein Bild!" sagt Nico.

„Oder ein großes Herz!" schlägt Achim vor.

„So ein Herz zum Aufklappen mit einem Bild drin!" Lotti erinnert sich, daß sie so etwas schon einmal gesehen hat.

„Aber eigentlich müssen es Blumen sein!" sagt Beat nachdrücklich.

„Blumen gehören dazu!"

„Wir könnten ja Blumen aus bunten Karton und Papier basteln!" Frau Wagner weiß genau, wie man das macht.

„Vielleicht auch bunt anmalen!" ruft Helen und will sich sogleich ihre neuen Farbstifte holen, die sie letzten Montag zum Geburtstag bekommen hat.

„Langsam! Langsam!" sagt Frau Wagner. Und dann zeigt sie den Kindern, wie man aus Papier und Pappe wunderschöne Blumen ausschneiden und zusammenkleben kann. Als sie dann allen Papier und Pappe ausgeteilt hat, sind alle eifrig damit.

Nur Jan sitzt unschlüssig vor den Sachen und starrt vor sich hin.

„Das kannst du doch!" sagt Frau Wagner leise und holt sich einen Stuhl herbei.

„Oder soll ich es dir noch einmal zeigen?"

Jan blickt Frau Wagner von der Seite an.

„Das ist nicht gerecht!" meint er dann und schiebt das Papier vor sich auf dem Tisch hin und her. Und als Frau Wagner ihn erstaunt und fragend anblickt, sagt er noch: „Mein Vati macht das genauso wie meine Mutti! Warum kriegt er nichts?"

„Weil Muttertag ist!" antwortet Frau Wagner und erinnert sich plötzlich daran, daß Jan vor ein paar Wochen erzählt hat, daß sein Vater arbeitslos geworden ist.

Vorher haben seine Eltern beide gearbeitet, jetzt geht nur noch seine Mutter. Sie ist Verkäuferin in einem großen Kaufhaus.

„Mein Vati kauft ein und kocht!" erzählt Jan. „Er putzt und wäscht. Und dann

hat er auch noch viel Arbeit mit meiner kleinen Schwester!"

Frau Wagner nickt. „Dann schenkst du eben deinem Vati am Sonntag die Papierblumen!" sagt sie dann.

„Das ist auch nicht gerecht!" meint Jan nach einer Weile. „Wenn meine Mutti heimkommt, dann hilft sie Vati doch!"

„Hm!" sagt Frau Wagner.

„Das haben sie schon immer so gemacht!" erklärt ihr Jan dann. „Auch als Vati noch Arbeit hatte!"

„Ja, da hast du recht!" sagt Frau Wagner schließlich und steht auf. „Das ist wirklich nicht gerecht!"

„Hört alle mal zu!" sagt sie darauf ganz laut. Und dann erzählt sie den Kindern all das, was Jan eben gesagt hat.

„Mein Vater hilft auch immer!" ruft Lilo.

„Ohne Vati und sein Auto kann meine Mutter gar nicht alles einkaufen, was wir brauchen!" Jörg gibt Lilo sogleich recht. „Soviel kann meine Mutter gar nicht schleppen!"

Und dann schreien sie wieder alle durcheinander. Denn jeder will ja nun unbedingt den anderen sagen, daß es bei ihnen zu Hause ganz ähnlich ist. Das können sie einfach nicht auf Vati sitzen lassen!

„Wenn mein Vati Zeit hat, wickelt er sogar mein Brüderchen!" ruft Lotti stolz.

„Und mein Vati kocht jeden Samstag und jeden Sonntag!" ruft Beat noch lauter.

„Mein Vater erst!" Eva springt auf. „Meine Mutti wohnt doch gar nicht mehr bei uns!"

Oweh! Frau Wagner ärgert sich über sich selbst, daß sie daran nicht gedacht hat.

Sie hält beide Hände hoch und muß plötzlich daran denken, daß gestern, als sie nach Hause kam, ihr Mann bereits da war und das Frühstücksgeschirr schon gespült hatte, das vom Morgen noch auf dem Tisch stand. Sie hatte es sehr eilig gehabt. Als die Kinder endlich still sind, sagt sie: „Ich sehe ja, daß ihr alle auch Blumen für euren Vater basteln wollt! Wir haben ja auch genug Papier und Pappe!"

„Dann feiern wir am Sonntag alle Elterntag!" schreit Beat übermütig und freut sich, als die anderen alle zustimmend laut lachen.

Und als Frau Wagner sich neben Jan setzt, beginnt sie auch, eine Blume zu basteln.

„Für meinen Mann!" sagt sie, als Jan sie fragend anblickt. „Einfach so, weil ich ihn lieb habe!" Jan nickt und arbeitet schweigend weiter. Ja, er kann Frau Wagner gut verstehen.

Hallo, kleine Biene

Text: Rolf Krenzer / Musik: Detlev Jöcker

1.Hal- lo, klei- ne Bie- ne, sei doch nicht so dumm und

summ' und brumm' und summ' und brumm' nicht

nur um mich her- um und nur um mich her- um.

2. Fliege zu der Wiese,
wiege dich im Wind.
Voll Blütenstaub,
voll Blütenstaub
dort alle Blumen sind.

3. Alles, was du sammelst,
trage schnell nach Haus.
Und dann wird bald,
und dann wird bald
der beste Honig draus.

4. Fliege zu den Blumen,
weil ich jeden Tag
ein Butterbrot,
ein Butterbrot
mit Bienenhonig mag.

● Spielvorschlag

Wir sind alle kleine Bienen, die herumfliegen. Dann fliegen wir zur Wiese und sammeln den Blütenstaub ein, den wir anschließend nach Hause zum Bienenstock bringen.

Kleine Verse von kleinen Tieren

In einem Häuschen
da sitzt ein Mäuschen,
schläft im Versteck.
Da schleicht die Katz' herzu.
Die Maus erwacht im Nu.
Husch, ist sie weg!

●

Seht, so strecken alle Schnecken
ihre Fühler aus!
Wenn die Schnecken
sich erschrecken,
dann verstecken
sich die Schnecken
schnell im Schneckenhaus
und kommen erst nach einer langen
Weile wieder raus.

●

Spinnlein, Spinnlein, Spinnebein,
sag', bist du zu Haus?
Am Spinnennetz, am Spinnennetz,
da schau ich nach dir aus.
Ich warte und warte
vor deinem Versteck.
Da flitzt die Spinne durch das Netz
und ist schon wieder weg.

●

Kleiner Käfer auf der Hand,
ich schau dir gerne zu.
Und fliegst du los ins weite Land,
das geht bei dir im Nu.
Erst pumpst du und pumpst du
ganz still an einem Fleck.
Dann breitest du die Flügel aus,
und hui, und hui,
und hui, bist du schon weg!

● Spielvorschlag

Zu allen Versen können die einzelnen Bewegungen und Tätigkeiten mit den Händen gezeigt werden. Die Verse lassen sich auch in ein kleines darstellendes Spiel spontan von den Kindern umsetzen.

Rätsel von Tieren

Ich bin im Teich geboren,
hab' meinen Schwanz verloren.
Daß ich ans Ufer klettern kann,
wuchsen mir vier Beine an.
Jetzt hüpfe ich hier im Gras herum
und seh mich nach Mücken und
Fliegen um.
Heut' abend geb ich ein Konzert.
Und das ist wirklich hörenswert!
(Frosch)

Eine dicke Raupe
kriecht von Blatt zu Blatt,
läßt es sich gut schmecken,
frißt sich richtig satt.
Einmal wird die Raupe
satt und müde sein,
spinnt sich ein im Häuschen
und schläft darin ein.
Da geschieht das Wunder.
Es weiß jedermann,
was aus einer Raupe
einmal werden kann.
(Schmetterling)

Ich bin mit vielen Schuppen umgeben,
kann nur im Wasser leben.
So schwimme ich im See herum.
Du hörst mich nicht,
denn ich bin stumm.
(Fisch)

Schachteltiere

Wir können aus den unterschiedlichsten Schachteln originelle Tiere basteln.
Wir brauchen runde und viereckige Schachteln (Käseschachteln, Streichholzschachteln usw.), Stoff- und Wollreste, Buntpapier, Schere und Leim.
Wir bekleben die Schachteln mit Buntpapier und kleben sie so aneinander, daß man in den fertigen Produkten noch Tiere erkennen kann.

Käfer-Wettlauf

Wir schneiden die ungefähren Umrisse der Käfer aus braunem Plakatkarton doppelt aus.
Die beiden Teile werden zusammengeklebt, nachdem dazwischen noch ein langer Bindfaden gelegt wurde.
Nun werden die Käfer auf einer Seite eines Spielfeldes auf der Wiese nebeneinander ins Gras gesetzt.
Die Kinder auf der anderen Seite müssen nun versuchen, an den langen Fäden die Käfer durch das Gras hindurch zu sich heranzuziehen. Man muß recht vorsichtig ziehen, damit der Faden nicht herausgerissen oder der kleine Käfer durch die Luft gerissen wird.

Tiere raten

Wir sitzen im Kreis. Der Spielleiter sagt jedem Kind ein anderes Tier ins Ohr.
Nun sollen die Kinder nacheinander ihr Tier im Kreis darstellen.
Jeder sollte sich bemühen, daß die Mitspieler das Tier schnell raten, welches er darstellt. Dann darf er später noch einmal ein anderes Tier vorstellen.

Zwei haben Angst

Beim Abendessen sagt Mama: „In unserem Keller ist eine Maus!"
Papa glaubt es nicht. Er meint: „Die Kellertür war doch immer zu!"
Da zeigt ihm Mama einen Apfel. Ganz deutlich können alle sehen, daß hier jemand genascht hat.
Arne schmunzelt und sagt: „Diesmal bin ich es aber nicht gewesen! So kleine Zähne habe ich nicht!"
Und die kleine Brigitte erklärt: „Ich gehe nicht mehr in den Keller!"
Arne lacht sie aus. „Du bist doch schon fünf Jahre alt!" schreit er. „Und du hast Angst vor einer kleinen Maus!"
Nach dem Essen sucht Papa die Mausefalle. Arne holt den Speck aus dem Kühlschrank und schneidet ein winziges Stückchen ab. Das legt er vorsichtig auf die Falle. Dann gehen Papa und Arne in den Keller.
Als sie zurückkommen, sagt Arne: „Wir haben die Falle im Keller unter den Tisch gestellt. Vielleicht fangen wir die freche Maus schon heute Nacht!"
Brigitte aber liegt noch lange wach in ihrem Bettchen und kann nicht einschlafen. Immer wieder muß sie an die kleine Maus denken.
Ja, Brigitte hat wirklich Angst vor Mäusen. Sie möchte nie allein einer Maus begegnen. Und doch hat sie so großes Mitleid mit der Maus im Keller. Ob es sehr weh tut, wenn die Falle plötzlich zuschnappt?
Arne ist schon lange eingeschlafen. Brigitte hört ihn tief und fest atmen. Er träumt bestimmt nicht von der Maus im Keller. Brigitte aber ist immer noch wach. Leise sagt sie: „Die arme Maus!"

Am nächsten Morgen muß Arne früh zur Schule. Papa geht auch zur Arbeit. Nur Brigitte darf noch etwas bei Mama bleiben. Mama will sie nachher zum Kindergarten bringen.
„Mama?" fragt Brigitte leise. „Können wir im Keller nach der Maus sehen?"
„Hm?" sagt Mama und blickt Brigitte zweifelnd an. Was ist, wenn wirklich ein totes Mäuschen in der Falle liegt?
Aber dann nickt sie. Nein, sie glaubt nicht, daß die Maus schon gefangen ist. Und Brigitte wünscht sich so sehr, daß die Falle leer ist.
Als sie in den Keller kommen, muß Mama das Licht anknipsen. So dunkel ist es hier.
Birgitte zögert, zum Tisch zu gehen. Aber dann traut sie sich doch.
Und dann sieht sie das graue Mäuschen. Es sitzt vor der Falle. Mit seinen kleinen, schwarzen Augen schaut es ängstlich zu den beiden Menschen hinauf.
Und warum läuft es nicht fort?
Die Falle ist zugeschlagen, und sein Schwänzchen ist eingeklemmt.
Brigitte weicht zurück. Sie möchte am liebsten losheulen. Sie hat ja solches Mitleid mit der kleinen Maus.
Mama sieht die kleine Maus vor der Falle ratlos an. „Was sollen wir nur machen?" fragt sie schließlich.
Da nimmt Brigitte, die ängstliche Brigitte, das Mäuschen ganz einfach in ihre Hand und hält es fest.
Mama befreit ganz vorsichtig das Schwänzchen aus der Falle.
Dann trägt Brigitte die kleine Maus in den Garten.
„Jetzt laufe aber ganz schnell fort!" sagte Brigitte leise und läßt die Maus frei.
„Und komme ja nicht mehr in unseren

Keller!" ruft sie der Maus noch nach, als sie zwischen den Erdbeersträuchern verschwindet.

Als Brigitte zurückkommt, wundert sich Mama sehr. „Du hast doch Angst vor Mäusen!" meint sie.

„Jetzt nicht mehr!" sagt Brigitte und denkt froh an die kleine Maus im Garten.

Steig ein! Steig ein!

Text: Rolf Krenzer / Musik: Simon und Detlev Jöcker

Strophe

1.Wißt ihr, was seit heu- te auf dem Markt-platz steht? Ein

bun- tes Kin-der- ka-rus- sell, das sich im Krei- se dreht. Steig

Refrain

ein! Steig ein! Hier sind noch Plät- ze frei! Steig

ein! Steig ein! Dann bist du auch da- bei. Macht

(immer schneller)

die Mu-sik dann di-del-dum, dreht sich das Ka-rus- sell her-um und

wird sich im- mer schnel- ler drehn und das ist schön.

2. Setz dich auf das Pferdchen.
Ich fahr mit dem Bus,
weil ich mit meinem Steuerrad
den Bus selbst lenken muß.
Refrain: Steig ein! Steig ein!...

3. Machst du dir's gemütlich
auf dem weißen Schwan,
dann steig ich vorne in die Lok
und fahre Eisenbahn.
Refrain: Steig ein! Steig ein!...

4. Trägt dich die Rakete
in den Himmel rein,
dann setze ich mich hinter dich
und laß dich nicht allein.
Refrain: Steig ein! Steig ein!...

5. Ist das Geld zu Ende,
heißt es leider: Gehn!
Mach's gut bis morgen, Karussell,
wenn wir uns wiedersehn!

● Spielvorschlag

Jeweils zwei Kinder bilden ein Karussell und drehen sich eingehakt im Kreis herum.
Wir können uns auch im Kreis zu Paaren aufstellen und dann ebenso herumtanzen. Vor jeder weiteren Strophe wechseln wir den Partner.

Alle fahren Karussell

Natürlich möchte jeder auf dem Kinderkarussell einmal mit dem Feuerwehrauto, mit der Rakete, mit der Lok usw. fahren.
Die Erzieherin verzaubert alle Kinder. Sie ruft:
„Alle fahren Karussell!
Verzaubert euch zu Autos schnell!"

Dann stellen alle Kinder Autos dar und sausen umher.
Hält die Erzieherin die Hand hoch, dann will sie einen neuen Zauber sprechen. Alle halten an.
"Alle fahren Karussell!
Verzaubert euch zu Pferdchen schnell!"
Wir können uns zu allen möglichen Dingen und Tieren verzaubern lassen, zu Flugzeugen, Lokomotiven, Feuerwehrautos, Elefanten, Schwänen, Hampelmännern usw.
Besonders reizvoll wird die Geschichte, wenn mehrere Spieler zusammen z.B. eine Lokomotive, eine Rakete usw. darstellen sollen.

Das kannst du auf dem Jahrmarkt kaufen (Rätsel)

Ich bin aus feinem Fleisch gemacht,
in einen Darm hineingebracht.
Bin gut gewürzt und gut geraten.
Kauf mich gegrillt oder gebraten.
Mit Brot und einfach aus der Hand
ißt man mich gern im ganzen Land.

(*Grillwurst, Bratwurst*)

Ich bin gelb und ziemlich scharf.
Wer mich essen will, der darf
machmal sich die Augen reiben
oder läßt es lieber bleiben.
Willst du heiße Würstchen essen,
darfst du mich auch nicht vergessen.
Bin in einer Tube drin.
Rate, rate, wer ich bin.

(*Senf*)

Kalle und das Karussell

Pünktlich zum Frühlingsfest hatten sie mitten auf dem Kornmarkt auch in diesem Jahr wieder die vielen Buden aufgebaut, in denen die Fliegenden Händler ihre Stoffe und Kleider, die Blusen und Töpfe und all die wunderbaren Dinge anboten, die man nur auf dem Frühlingsmarkt kaufen konnte. Dazwischen hatten die Metzger ihre Stände stehen und boten ihre frischen Brat- und Grillwürstchen an. Der Duft zog über den ganzen Marktplatz, bis in die Türen und Fenster der Häuser hinein. Am schönsten aber war das kleine Kinderkarussell mit seinen Elefanten und Pferdchen, mit dem roten Feuerwehrauto und der grünen Lokomotive, mit dem blauen Hubschrauber und der gelben Straßenbahn, die den ganzen Tag über im Kreis herumfuhren, weil es so viele Kinder gab, die mit ihnen zu der Dudelmusik aus dem Lautsprecher fahren wollten.

Am allerschönsten aber war es, daß der kleine Kalle mit seinen Eltern in dem alten Fachwerkhaus direkt am Kornmarkt wohnte und den ganzen Tag über hinter der Fensterscheibe dem bunten Treiben zugucken durfte. Und am Nachmittag gingen Papa und Mama mit Kalle über den Markt und kauften ihm ein Grillwürstchen mit Pommes frites. Das machte so satt, daß Kalle nichts mehr zu Abend essen konnte.

Ja, und auf dem Kinderkarussell durfte Kalle natürlich auch fahren. Nicht nur einmal, sondern fünfmal hintereinander. Und vor jeder neuen Fahrt mußte Kalle umsteigen. Er lenkte die grüne Lokomotive sicher im Kreis herum, machte tollen Krach in dem roten Feuerwehrauto und klingelte laut und immerzu, als er in die gelbe Straßenbahn eingestiegen war. Dann kletterte er in den Hubschrauber, in dem endlich ein Platz frei geworden war und ritt dann stolz und sicher auf dem prächtig geschmückten Holzelefanten.

Als er aber dann auch noch auf das weiße Pferdchen steigen wollte, da hielt Papa ihn am Arm fest.

„Für heute ist es genug!" meinte er. Und „Morgen ist auch noch ein Tag!"

Da half kein Bitten und Jammern, Kalle mußte absteigen. Und nur Mamas und Papas Versprechen, daß das Karussell morgen immer noch da sei und Kalle ganz bestimmt auch auf dem Pferdchen reiten dürfte, tröstete ihn ein wenig.

Am Abend aber stand Kalle wieder hinter der Fensterscheibe seines Zimmers und blickte in das bunte Treiben hinaus. Es war dunkel geworden, und sie hatten überall Lichter angezündet. Es war wunderschön, und Kalle konnte sich nicht sattsehen.

An diesem Abend durfte Kalle viel länger als sonst aufbleiben. Mama brachte es einfach nicht übers Herz, ihn von dem Fenster loszureißen. Und Frühlingsfest war schließlich auch nur einmal im Jahr.

Als es aber draußen leiser wurde, als die Leute nach Hause eilten und die Lichter nach und nach ausgingen, da nahm Papa seinen kleinen Kalle auf den Arm und trug ihn zu seinem Bett.

„Ist morgen immer noch Frühlingsfest?" fragte Kalle und kuschelte sich zufrieden in sein Kissen, während Papa zustimmend nickte.

„Dann reite ich auf dem weißen Pferdchen!" sagte er ganz leise.

„Du darfst sogar zwei Runden auf dem Schimmel reiten!" lachte Papa. Doch Kalle hörte es schon nicht mehr. Er war bereits eingeschlafen.

Mitten in der Nacht wachte Kalle auf. Mama und Papa waren längst ins Bett gegangen und schliefen tief und fest. Erstaunt stellte Kalle fest, daß es draußen immer noch hell war. Da schlich er auf Zehenspitzen zum Fenster und schaute hinaus.

Weil Frühlingsfest war und die vielen Buden auf dem Kornmarkt standen, hatten sie heute Nacht nicht die großen Laternen ausgeschaltet. Und der Mond stand am Himmel und leuchtete mitten auf das Kinderkarussell, das Kalle vom Fenster aus gut sehen konnte. Nur das rote Feuerwehrauto, die gelbe Straßenbahn und all die vielen Fahrzeuge, auf denen Kalle im Kreis herumgefahren war, die konnte er nicht sehen. Die Karussell-Leute hatten nämlich mit einem großen Tuch das Karussell zugehängt. Jetzt warteten die Elefanten und Pferdchen, die grüne Lokomotive und all die anderen schönen Sachen hinter dem großen Tuch auf morgen. Ob sie auch schliefen? Ob sie ganz leise immer noch im Kreis herumfuhren? Kalle wollte es zu gern wissen.

Er überlegte nicht lange, stieg blitzschnell in seine Pantoffeln hinein und schlüpfte in den dicken Mantel, der an dem Haken neben der Tür hing. Dann öffnete er leise die Zimmertür und schlich auf Zehenspitzen zur Haustür. Der Schlüssel steckte, und Kalle war stark genug, um ihn herumzudrehen. Und dann ging Kalle mit schnellen Schritten zu dem Karussell. Es war ihm schon sonderbar, daß ihm kein Mensch begegnete. Aber die Leute schliefen alle zu Hause in ihren Betten. Schließlich war es mitten in der Nacht.

Kalle ging zunächst einmal um das Karussell herum und versuchte, irgendwie durch das Tuch hindurchzugucken. Dann fand er wirklich einen kleinen Schlitz. Und als er kräftig an dem Tuch zog, wurde der Schlitz so breit, daß Kalle hindurchschlüpfen konnte. Und da stand er nun direkt vor dem weißen Pferdchen. Er konnte es gut erkennen, denn von draußen drang der Schein einer Laterne bis zu ihm hinein.

Da stieg Kalle auf das weiße Pferdchen und schnalzte froh mit der Zunge. „Hopp!" rief er leise. „Hopp, mein Pferdchen!" Doch das Pferdchen rührte sich nicht vom Fleck. „Schade!" sagte Kalle leise und stieg von seinem Rücken herunter.

Da sah er das rote Feuerwehrauto. Schnell stieg Kalle hinein. „Abfahrt!" rief er und griff nach der großen Feuerwehrglocke. Wie erschrak er aber, als sie laut zu bimmeln begann. Sofort ließ er los. Das war ja viel lauter als gestern, als so viele Kinder im Karussell mitgefahren waren! So laut, daß Kalle fast ein wenig Angst davor bekam. Er saß ganz still und rührte sich nicht, bis das Bimmeln verklungen war.

Dann wartete er darauf, daß das Feuerwehrauto losfuhr. Doch das Feuerwehrauto stand still und rührte sich nicht von der Stelle.

„Vielleicht fliegt der Hubschrauber!" meinte Kalle und stieg wieder um. Er machte es sich im Hubschrauber bequem und wartete. Er wartete so lange, bis ihm die Augen zufielen.

„Auf, Kalle!" hörte er da plötzlich eine Stimme. Und als er sich erstaunt umsah, nickte ihm das weiße Pferdchen zu. Ja, es wieherte sogar ganz leise. Und sein Wiehern klang so gut und so fröhlich, daß Kalle kein bißchen Angst hatte.

„Auf, Kalle!" sagte das Pferdchen. „Komm, steig auf! Wir reiten in die Welt!"

Da zögerte Kalle keinen Augenblick. Er kletterte auf den Rücken des Pferdchens, nahm die Zügel in beide Hände, schnalzte mit der Zunge, und schon ging es los.

„Festhalten!" rief das Pferdchen und sprang mit Kalle auf seinem Rücken aus dem Karussell heraus und trabte über den Kornmarkt.

Es lief weiter durch die engen Gassen der Fußgängerzone und stolperte nicht, weil ihm der Mond auf dem Weg leuchtete.

Und Kalle ritt auf dem weißen Pferdchen und summte vor Freude ein Lied nach dem anderen. Da wurden auf einmal überall die Türen und Fenster geöffnet, und viele Kinder schauten hinaus. Als sie Kalle auf dem weißen Pferdchen sahen, winkten sie ihm zu. Sie kamen aus den Türen heraus und liefen hinter Kalle und dem weißen Pferdchen her.

„Hallo, Kalle!" riefen sie immer wieder, und Kalle schnalzte mit der Zunge und suchte in seiner Tasche nach einem Stück Zucker für sein Pferdchen.

Mitten in der Nacht wurde auch Mama plötzlich wach.

Sie weckte Papa und fragte leise. „Hast du auch das Geräusch gehört? Es hörte sich an wie unsere Haustür!"

Papa schüttelte den Kopf. Doch bevor er wieder einschlafen konnte, schüttelte Mama ihn kräftig. „Doch!" sagte sie leise. „Es war die Haustür!"

„Du hast geträumt!" meinte Papa und stand auf, um selbst nachzusehen.

Es dauerte etwas, bis Papa endlich wiederkam.

„Du hast recht!" sagte Papa. „Es war die Haustür! Und unser Kalle ist auch nicht in seinem Bett!"

„Ohweh!" rief Mama. „Jemand hat unseren Kalle gestohlen!"

„Unsinn!" sagte Papa. Aber das sagte er nur so, weil er auch solche Angst um Kalle hatte. Mama und Papa zogen sich schnell an und liefen hinaus.

Sie liefen über den Kornmarkt und suchten Kalle in jeder Ecke.

Dann liefen sie zu dem Karussell und Mama entdeckte den großen Schlitz in dem Tuch.

Da stieg Papa durch den großen Schlitz ganz vorsichtig hinein. Mama wartete draußen.

Schon bald kam Papa zu dem Schlitz zurück und winkte Mama. „Das mußt du dir ansehen!" flüsterte er ihr zu und zog Mama an der Hand durch den Schlitz.

Das Karussell stand ganz still. Aber gleich neben Papa stand der Hubschrauber, mit dem Kalle gestern gefahren war.

Und in dem Hubschrauber saß Kalle. Er saß vorn auf dem ersten Platz, eng in seinen Mantel gekuschelt und schlief. Sein kleiner Kopf lag auf dem Steuerknüppel.

„Dieser Kalle!" stöhnte Mama leise.

Und ganz behutsam hob Papa den

schlafenden Kalle aus dem Hubschrauber heraus und trug ihn auf seinen Armen nach Hause.

Mama zog Kalle den Mantel und die Pantoffel so vorsichtig aus, daß er nicht wach wurde. Als Papa ihn dann in sein Bett legte und zudeckte, schnalzte Kalle leise mit der Zunge.

„Er träumt!" sagte Papa leise und lächelte.

Dann knipsten sie das Licht in Kalles Zimmer aus und schlossen leise die Tür hinter sich.

Dann ging Mama zur Haustür und schloß sie zu. Sie zog den Schlüssel ab und hängte ihn oben neben der Tür an den Haken. So hoch, daß Kalle nicht daran konnte.

„Dieser Kalle!" sagte Papa, als sie wieder ins Bett gingen.

„Dieser Racker!" sagte Mama und mußte ein bißchen vor Freude weinen, daß sie ihren Kalle wiederhatten.

Da nahm Papa Mama in seine Arme und drückte sie ganz fest an sich.

„Morgen sprechen wir mit Kalle!" sagte Papa leise. „Und den Haustürschlüssel ziehen wir jetzt immer ab und hängen ihn oben an den Haken!"

Eins, zwei, drei, klingelingeling

Text: Rolf Krenzer / Musik: Detlev Jöcker

Eins, zwei, drei, klin-ge-lin-ge-ling, seid ihr auch da-bei? Eins, zwei, drei, klin-ge-lin-ge-ling, seid ihr auch da-bei? Wenn wir heu-te Fahr-rad fah-ren, spielt der Wind in un-sern Haa-ren und der Spaß ist rie-sen-groß. Eins, zwei, drei, klin-ge-lin-ge-ling, und: Ach-tung! Fer-tig! Los!

1. Vor-ne fährt der Pa-pa vor-sich-tig und fit. der klei-ne Bru-der fährt auf Pa-pas Fahr-rad mit. Hin-ter mei-ner Schwes-ter fahr' ich wie ge-schmiert. Ma-ma paßt als let-zte auf, daß sie uns nicht ver-liert

2. An der großen Kreuzung
hält der Papa an,
und er blickt nach links und rechts,
daß nichts passieren kann.
Auch die nächste Steigung,
die wird leicht geschafft
ohne Auspuff und Benzin,
allein mit Muskelkraft.

Refrain: Eins, zwei, drei,
klingelingeling...

3. Wiesen, Wälder, Weiden.
Weiter gehts, juchhe,
bis zu unserem Lieblingsplatz
am kleinen stillen See.
Steigt jetzt von den Rädern.
Packt das Picknick aus.
Und wir rudern mit dem Boot
weit auf den See hinaus.

Refrain: Eins, zwei, drei,
klingelingeling...

4. Abends, wenn der Mond scheint,
fahrn wir erst nach Haus.
Nächsten Sonntag geht es wieder
mit den Rädern raus.

Refrain: Eins, zwei, drei,
klingelingeling...

● Spielvorschlag

Zum Refrain laufen wir in zwei Kreisen
entgegengesetzt im Kreis herum und
stellen so dar, daß wir mit dem Fahrrad
fahren. Dabei zeigen wir so richtig
deutlich, wie wir lenken und in die
Pedale treten.
Bei den Strophen verlassen wir unseren
Kreis und fahren alle durcheinander,
wobei wir auch in verschiedenen
Richtungen fahren können.
Wenn dann wieder der Refrain folgt,
fahren wir auch wieder ganz ordentlich
wie vorher im Kreis herum und stellen
dar, daß wir mit dem Fahrrad fahren.
Dieser Fahrrad-Tanz kann zur MC oder
CD getanzt werden. Wir können aber
auch darauf verzichten, wenn wir alle
laut einstimmen und mitsingen.

Fahrzeuge raten

Ein Mitspieler bekommt ins Ohr gesagt oder auf einen Zettel aufgemalt, welches Fahrzeug er im Spielkreis darstellen soll.

Alle schauen zu. Wenn die Erzieherin in die Hände klatscht, darf geraten werden, um welches Fahrzeug es sich handelt. Wer es richtig rät, darf das nächste Fahrzeug darstellen.

Wichtig:

Es muß darauf geachtet werden, daß jedes Kind sein Fahrzeug wirklich darstellen darf, das heißt, sein Spiel zu Ende spielen darf. Erst auf ein vorher abgesprochenes Zeichen (Händeklatschen, Pfiff usw.) dürfen die Kinder raten.

Weitere Möglichkeit:

Zwei und mehr Spieler sollen zusammen ein Fahrzeug darstellen.

Fahrzeuge: Roller, Fahrrad, Leiterwagen, Schubkarren, Lok, PKW, Lastwagen, Straßenbahn, Zug, Bagger, Kran, Motorrad, Bus, Flugzeug, Hubschrauber usw.

Rot muß warten

ROT muß warten!
ROT bleibt stehn!
GRÜN darf starten!
GRÜN kann gehn!

Wir gehen alle hintereinander im Kreis herum. Heißt es ROT, bleiben wir stehen und warten, bis wieder GRÜN kommt.

Zwei Kinder können eine Ampel darstellen. Ein Kind trägt einen roten, das andere einen grünen Pullover. Steht das Kind mit dem roten Pullover vorn, zeigt die Ampel ROT. Wir warten, bis das Kind mit dem grünen Pullover sich davorstellt und nun GRÜN zeigt. Dann können wir weitermarschieren.

Wir können auch statt der Pullover einen roten und einen grünen Plakatkarton benutzen, der jeweils von einem Kind vor sich gehalten wird.

Besonders Spaß macht das Spiel, wenn wir auf den Bauch des Kindes drücken, das die rote Ampel darstellt, und dann abwarten, bis sich die Ampel umschaltet.

Drei Zweirad-Rätsel

Zwei Räder, ein Sattel,
damit du gut sitzt.
Trittst du die Pedale,
paß auf, wenn du flitzt,
daß dir, fährt es auch wie geschmiert,
nichts auf der Straße damit passiert.
(Fahrrad)

Mit mir fahren, das macht Spaß!
Du gibst mit den Füßen Gas.
Unter mir zwei kleine Räder.
Meine Klingel hört doch jeder.
Du gibst mit den Füßen Gas.
Mit mir fahren, das macht Spaß!
(Roller)

Ohne Motor und Benzin
fährst du auf mir schnell dahin.
Brauchst nur die Pedale treten,
und dann überholst du jeden.
Sattel, Spiegel, Bremse, Licht.
Klingeling! Kennst du mich nicht?
(Fahrrad)

Das Fahrrad-Puzzle-Spiel

Wir brauchen einen Farbenwürfel und so viele Fahrradbilder wie es Mitspieler sind. Bilder von Fahrrädern findet man in Versandhauskatalogen. Man kann auch die Fahrräder zeichnen. Wenn das Spiel etwas stabiler sein soll, können wir die Bilder auf Plakatkarton oder Pappe aufkleben.

Nun schneiden wir jedes Fahrradbild in sechs etwa gleichgroße Teile.

Jeder Mitspieler bekommt diese sechs Teile, aus denen er sein Rad zusammensetzen kann.

Nun würfeln wir mit dem Würfel reihum. Wer ROT würfelt, darf ein Teil seines Fahrrades auflegen. Immer wenn er ROT würfelt, darf er ein weiteres Teil hinzufügen. Wer dann zuerst sein Fahrrad zusammengesetzt hat, ist Sieger.

Variation:

Bei ROT darf ein weitere Teil dem Fahrrad hinzugefügt werden.

Wird aber GELB gewürfelt, muß wieder ein Teil zurückgelegt werden.

Statt des Farbenwürfels läßt sich auch der Zahlenwürfel einsetzen. Dann wird Sechs mit ROT und Eins mit GELB gleichgesetzt.

Klar, Joschi kann radfahren!

Klar, Joschi kann radfahren!
Seit vierzehn Tagen schon. Als er das schöne neue Fahrrad zum Geburtstag bekam, hat er sich so darüber gefreut, daß er es am Abend mit ins Bett genommen hat.

Er wollte es auf sein Deckbett legen und die ganze Nacht im Arm behalten. Da hat es Papa und Mama viel Mühe gekostet, ihn zu überreden, daß das Fahrrad genau gegenüber von seinem Bett an der Wand stehen durfte.

Nur radfahren konnte Joschi damals noch nicht. Er hat sich einfach nicht getraut. Dafür hat er dann das funkelnagelneue Fahrrad im Hof herumgeführt. Er hat es an der Lenkstange gepackt und immer im Kreis rundherum neben sich hergeschoben. Papa und Mama haben laut gelacht. Und Anja hat es Joschi auf ihrem Rad immer wieder gezeigt, wie einfach radfahren ist. Joschi hat nur den Kopf geschüttelt.

Einen Tag später, als niemand zusah, hat Joschi ganz vorsichtig versucht, auf sein Rad zu steigen. Es hat leider nicht so geklappt, wie er es sich wünschte.

Da hat er das Fahrrad zwischen seine beiden Beine genommen und hat es so im Hof herumgeschoben. Er hat es an der Lenkstange festgehalten und so immer weitergeschoben.

Am nächsten Tag hat Joschi laut nach Mama gebrüllt. Und als Mama in den Hof kam, da ist Joschi auf seinem neuen Fahrrad immerzu im Kreis herum gefahren.

„Ich kann es!" hat er glücklich gerufen. „Mama, weißt du was? Jetzt kann ich endlich radfahren!"

Der Hof ist eben. Aber vor dem Haus geht die Straße ein ganz bißchen den Berg hinunter. Anja schaffte den kleinen Berg mit ihrem Rad spielend. Sie sauste hinunter und stieg auch beim Hinauffahren nicht ab! So gut würde Joschi es auch noch lernen. Da war sich Joschi ganz sicher.

„Paß auf an der Kurve!" sagte Mama. „Fahre ganz langsam, damit du nicht aus der Kurve fliegst!"

„Aber Mama!" lachte Joschi und fuhr los. Und weil es sich so gut fahren ließ, fuhr Joschi immer schneller. Als er vor der Kurve ganz hart bremsen muß, machte sein Rad einen Satz, und Joschi landete in der Dornenhecke.

Tapfer unterdrückte Joschi all seinen Schmerz und machte sich noch nicht einmal etwas daraus, daß sein linkes Knie ein bißchen blutete.

„Die blöde Kurve!" sagte er, als Mama sein Knie verpflasterte.

„Bleib besser mit deinem Rad im Hof!" meinte sie, und Joschi nickte.

Später versuchte er es doch wieder auf der Straße. Und es klappte, wenn Joschi vor dem Haus blieb. Erst dort, wo die Straße steiler wurde, stieg Joschi schnell vom Fahrrad herunter.

Und dann versuchte er es doch wieder, den Berg hinunter zu fahren. Zuerst ging es langsam los, dann wurde Joschi immer schneller. Nein, nicht Joschi, sondern sein Fahrrad war es. Joschi schaffte es wieder nicht, frühzeitig vor der Kurve abzubremsen. So landete er wieder in der Hecke. Diesmal blutete das andere Bein.

„Du bist mir einer!" meinte Papa, als er Joschis anderes Knie verband.. „Bleib besser mit deinem Rad im Hof oder vor dem Haus!"

Joschi nickte und versuchte es nachmittags noch einmal.

Diesmal hätte er es fast geschafft. Aber dann landete er doch wieder in der Hecke.

Als er heimkam, zeigte er Mama lieber gar nicht seinen zerschundenen Arm. Sie hätte doch gleich gewußt, daß er wieder in der Hecke gelandet war.

Dafür tröstete Anja ihn. Sie klebte ihm auch ein Pflaster dorthin, wo es ein bißchen blutete.

„Wir machen zuerst einmal eine große Fahrradtour!" sagte Papa am Abend. „Mama, Anja, Lukas, du und ich! Dann wirst du immer sicherer auf deinem Rad!"

Und wenn Papa etwas versprach, dann wurde es auch wahr.

So fuhren sie alle zusammen am Sonntagmorgen mit ihren Rädern los. Nicht den Berg hinunter, sondern nach der anderen Seite. Ein Stückchen auf der Teerstraße, dann die nur wenig befah-

rene Landstraße entlang und dann durch den großen Park. Anja fuhr vorne weg und zeigte den Weg. Papa hatte den kleinen Lukas auf dem Kindersitz vor sich sitzen und folgte ihr. Hinter Papa fuhr Joschi. Und zum Schluß kam Mama. Sie hatte den großen Picknickkorb hinten auf ihrem Gepäckträger. Zuerst fuhr Anja recht langsam. Natürlich konnte Joschi da gut mitkommen. Und als sie etwas schneller fuhr, da klappte es auch.

„Klar, Joschi kann radfahren!" rief Mama von hinten und freute sich mit Joschi. Bald sausten sie schon richtig dahin.

„Immer auf die Autos und auf die Fußgänger achten!" rief Papa nach hinten, und Joschi nickte. „Wohin fahren wir?" rief er laut, so daß es Anja vorn hören konnte.

„Immer weiter!" rief Anja zurück. „Bis wir müde sind!"

„Ich habe Durst!" schrie da der kleine Lukas, denn er hatte den Kiosk am Ende des Parks entdeckt. Immer wenn Lukas

einen Kiosk sah, hatte er Durst.
„Anhalten!" rief Papa. Da lehnten sie ihre Räder an die Holzwand neben dem Kiosk, und Papa spendierte für alle Kinder Limonade. Mama und Papa tranken lieber einen heißen Kaffee.
„Am Hirschsee wird heute das neue Gasthaus eröffnet!" meinte der Mann im Kiosk.
„Oha!" sagte Papa.
„Wir haben doch unseren Picknickkorb dabei!" rief Mama.
 Papa bezahlte und sagte: „Wir können doch einmal hinfahren und es uns anschauen. Wir brauchen dort ja nichts zu essen!"
Er stieg auf sein Rad, hob den kleinen Lukas auf den Kindersitz und setzte sich gleich an die Spitze. Joschi folgte ihm, und es klappte bereits sehr gut. Jetzt fuhr Anja hinter Joschi, und Mama folgte wieder als Letzte.
Sie fuhren jetzt mit ihren Rädern auf einem Teerweg, der mitten durch den Wald führte. Da machte das Radfahren ganz besonderen Spaß. Die Vögel zwitscherten, und die Sonne schien hell vom blauen Himmel herunter. Und es roch so gut, es roch so richtig nach Wald, nach Fichten und Buchen, nach Farn und nach Erde. Ja, das gefiel Joschi!
Er summte vor Freude leise vor sich hin. Dann kamen sie wieder an eine größere Straße. „Vorsicht!" rief Papa. „Denkt an die Autos und Fußgänger!"
Jetzt wurde auch der Verkehr immer dichter. Es waren viele Leute unterwegs. Viele Autos und viele Radfahrer. Da mußte Joschi schon gut aufpassen, daß er immer hinter Papa blieb und nicht den Anschluß verlor.
„Toll!" sagte Papa, als sie endlich am Hirschsee ankamen und ihre Räder vor dem neuen Gasthaus abstellten. „Unser Joschi kann wirklich radfahren! Das müssen wir feiern!"
Da setzten sie sich in den Garten des Gasthauses, und Papa bestellte für alle Pommes frites und Schnitzel.
Sie hatten Glück, daß sie früh genug da waren. Es kamen so viele Leute noch nach ihnen, daß die Plätze kaum reichten. Als sie satt waren und auch noch Eis zum Nachtisch gegessen hatten, machten sie sich auf den Rückweg.
Zuerst fuhren sie so, wie sie auch hergekommen waren. Dann bog Papa an einer Kreuzung ab. „Diesen Weg kennt ihr noch nicht!" rief er. „Er führt direkt am Dreifelder Weiher vorbei. Das ist auch ein kleiner, schöner See!"
Und als sie dann endlich an dem Weiher ankamen und sich vom Rad in das Gras fallen ließen, da hatten sie bereits wieder Hunger, so daß Mamas Picknickkorb gerade richtig war.
Am See war es still. Die Leute waren heute alle zum Hirschsee unterwegs. Da hatten sie hier soviel Platz, daß Anja und Joschi sogar ein kleines Fußballspiel mit Papa beginnen konnten. Und hinterher spielten sie Verstecken. Da machten sogar Mama und Lukas mit.
Schließlich schaute Mama auf die Uhr. „Jetzt müssen wir aber heimfahren!" sagte sie. „Der Tag ist so schnell herumgegangen!"
„Schöne Tage gehen immer viel zu schnell herum!" meinte Anja ein bißchen traurig.
„Sie sind immer viel kürzer als die anderen!"
Aber dann packten sie alles wieder

zusammen und stiegen auf ihre Fahrräder. Und Joschi fuhr so sicher, als wäre er sein Leben lang schon immer mit dem Rad gefahren.

Als sie dann zu Hause ankamen und Mama die Haustür aufschloß, stürzten alle an ihr vorbei ins Haus hinein. Jeder wollte zuerst aufs Klo.

Nur Joschi nicht.

Er wartete, bis alle im Haus waren. Dann stieg er noch einmal auf sein Rad und fuhr den kleinen Berg hinunter.

„Ja, ich kann radfahren!" sagte er fröhlich vor sich hin und fuhr immer schneller.

Je näher Joschi aber an die Kurve kam, umso deutlicher sah er auch die Hecke.

„Nein, nicht wieder!" schrie er aus Leibeskräften.

„Hm!" meinte Papa später, als er wieder Joschis Bein verpflastern mußte. „Ich dachte, du kannst jetzt radfahren?"

Er sah Joschi ganz merkwürdig an, und Joschi verdrückte tapfer seine Tränen.

„Wieder die doofe Hecke?" fragte Papa. Joschi schüttelte den Kopf.

„Ein Stückchen weiter die Mauer!" flüsterte er.

Da schmunzelte Papa. „Dann hast du die Kurve ja fast geschafft!" sagte er und legte den Arm um Joschi. Er sah ihn fragend an: „Was kommt denn nach der Mauer?"

„Nichts!" antwortete Joschi. „Dann geht es nur noch geradeaus. Und der Berg ist auch zu Ende !"

„Na, also!" lachte Papa.

Da wußte Joschi, daß er es einmal schaffen würde. Morgen! Ja, morgen ganz bestimmt!

Geburtstag, Geburtstag ist einmal im Jahr

Text: Rolf Krenzer / Musik: Detlev Jöcker

Der Frosch quakt froh: "Quak, quak, heut ist ein tol- ler Tag!" Die Tau- be gurrt: Gru, gru, was sagt ihr nun da- zu?" Und al- le Vö- gel auf dem Dach, die ma-chen dich jetzt wach. Ge- burts- tag, Ge- burts- tag ist ein- mal im Jahr! Ge- burts- tag, Ge- burts- tag ist so wun-der- bar! Ge- burts- tag, Ge- burts- tag, drum sin- gen wir hier! Ge- burts- tag, Ge- burts- tag und gra- tu- lie- ren dir! Ge- burts- tag, Ge- burts- tag und gra- tu- lie- ren dir.

2. Der helle Sonnenschein
kommt heut zu dir herein
und kitzelt im Gesicht:
„Mein Kind, verschlaf’ jetzt nicht,
denn heute wird es wunderschön!
Das wirst du selber sehn!“
Refrain: Geburtstag, Geburtstag
ist einmal im Jahr...

3. Besuch steht vor der Tür
und will jetzt gleich zu dir.
Der Postzusteller Schmidt
bringt drei Pakete mit.
Hör zu, jetzt singen alle Leut’
weil jeder sich heut freut!
Refrain: Geburtstag, Geburtstag
ist einmal im Jahr...

4. Schau nur, wie schön das ist,
daß du geboren bist
und daß es dich hier gibt
und jeder dich hier liebt.
Und wünscht dir zum Geburtstag heut'
Gesundheit, Glück und Freud.
Refrain: Geburtstag, Geburtstag

● Spielvorschlag

Das Geburtstagskind sitzt mitten im Kreis auf einem besonders festlich geschmückten Stuhl. Den Gästen, die zum gratulieren kommen, werden Rollen zugeteilt, die sie dann zur jeweiligen Strophe des Liedes darstellen.
Bei der ersten Strophe kommen die Frösche angesprungen, denen die Tauben folgen. Die Frösche hüpfen zum Geburtstagskind und setzen sich davor, nachdem sie ihm gratuliert haben.
Die Tauben fliegen um das Geburtstagskind herum und lassen sich dann links und rechts nieder.
Bei der zweiten Strophe wird eine Sonne gebildet, wobei ein Kind mit ausgebreiteten Armen in der Mitte des Kreises steht. Die übrigen Kinder stellen sich ebenfalls mit ausgebreiteten Armen dazu. Eines der Kinder beugt sich während des Singens zu dem Geburtstagskind hinunter, und kitzelt es sacht an der Nase.
Bei der dritten Strophe gehen nun die Kinder mit ihren Geschenken zu dem Geburtstagskind und stellen sie davor.
Bei der vierten Strophe bilden alle einen großen Kreis und gehen singend um das Geburtstagskind herum.

Geburtstagswünsche

Das wünsche ich dir heute:
Einen ganzen Sack voll Freude,
gute Freunde, satt zu essen,
und - fast hätt' ich es vergessen -
ganz zum Schluß
von mir 'nen dicken, lieben Kuß!

●

Was wünsch' ich meinem Kleinchen?
Ein Schweinchen, ein Schweinchen,
das Glück ihm bringt,
damit er wie ein Vögelchen
den ganzen Tag froh singt.

Geburtstagsstuhl

Ein besonderer Stuhl ist der Geburtstagsstuhl, den wir ganz besonders schön und liebevoll schmücken. Auf ihm nimmt das Geburtstagskind Platz.
Nun darf jeder reihum dem Geburtstagskind etwas Schönes sagen, z.B. was ihm an dem Geburtstagskind gefällt,

Schuhus Geburtstag

Schuhu, die alte Eule, hockte unbeweglich auf dem Ast der alten Eiche. Sie blickte über den Wald in den Himmel hinein, an dem die Sterne nun langsam blasser wurden. Eine zarte Röte zeigte an, daß die Sonne bald aufgehen und damit der neue Tag beginnen würde.

waren nachts unterwegs, doch sie hatten es immer sehr eilig und keine Zeit für einen kleinen Schwatz.

Heute würde das alles anders sein! Heute würde Schuhu nicht schlafen. Nein, den ganzen Tag wollte sie wachbleiben und glücklich sein, wenn die Tiere zu ihr kämen, um mit ihr Geburtstag zu feiern. In den letzten

Das war die Zeit, zu der Schuschu gewöhnlich die Augen zufielen, wenn sie die ganze Nacht hindurch unterwegs gewesen war.

Aber nicht heute! Nein, heute hatte Schuhu sich vorgenommen, wach zu bleiben. Sie wollte hier sitzen bleiben und zusehen, wie der Himmel sich immer roter färbte und schließlich die Sonne aufging. Sie sah es ja sonst nie. Und heute war ein ganz besonderer Tag: Schuhus Geburtstag.

Machmal war es schon recht ärgerlich, daß Schuhu die vielen Tiere, die in Wald und Feld lebten, so selten zu Gesicht bekam und sich fast nie mit ihnen unterhalten konnte. Rehe, Hasen und all die vielen Vögel trafen sich am Tag und schliefen längst, wenn Schuhu abends aufwachte und über Wald und Feld dahinflog. Nur die Fledermäuse

Tagen hatte sie allen, die sie zufällig beim Dunkelwerden noch angetroffen hatte, entsprechende Hinweise gegeben. „Am sechzehnten ist es soweit!" hatte sie dem alten Feldhasen zugerufen, der für einen Augenblick wach geworden war, um sich von einer Seite auf die andere zu legen. „Ja, ja, ich weiß es, Schuhu!" hatte der Hase geantwortet und war gleich darauf wieder eingeschlafen.

„Hoffentlich wird mein Geburtstag nicht vergessen!" hatte sie zu dem Eichhörnchen gesagt, das einmal kurz den Baum hinunter und hinauf gespurtet war, weil ihm im Schlaf sein linkes Hinterbein eingeschlafen war. „Das weiß doch jeder!" hatte das Eichhörnchen gemeint und gleich hinzugefügt: „Sei leise und wecke die anderen nicht auf!"

Schuhu freute sich, als der Himmel immer heller wurde. Sie seufzte leise. Ja, sie würden alle kommen! Keiner würde Schuhu vergessen! Und deshalb mußte sie wachbleiben und durfte nicht einschlafen. Nicht auszudenken, wenn die Tiere zur alten Eiche kämen und gratulieren wollten...und Schuhu würde oben im Baum alles verschlafen! Schuhu plusterte sich ein bißchen auf. Das machte munter! So konnte sie weiter geduldig auf die ersten Geburtstagsgäste warten. Jetzt ging die Sonne auf. Zuerst ein feuerroter Ball und dann ein gleißend helles Licht, das so schön war, daß Schuhu vor Freude die Augen schließen mußte, um es ganz tief in sich aufzunehmen. Einen Sonnenaufgang hatte sie ja so selten bisher in ihrem Leben erlebt. In diesem Augenblick setzte das Zwitschern der Vögel ein. Ein Rehbock war in der Ferne zu hören, und ein Specht begann bereits jetzt in aller Frühe mit seinem Schnabel einen Baum zu bearbeiten. Geräusche, die Schuhu sonst nie mehr hörte, weil sie zu dieser Zeit längst eingeschlafen war.

Unbeweglich hockte sie auf dem Ast und freute sich, weil das alles so schön war und weil sie Geburtstag hatte. Sie lehnte sich ganz leicht an den Baumstamm und lauschte weiter mit geschlossenen Augen. Das war so schön, daß sie nicht bemerkte, daß der Schlaf über sie kam. So saß sie dort oben bis in den Nachmittag hinein und schlief wie jeden Tag. Sie träumte von einer großen Geburtstagsfeier auf der Waldwiese, zu der alle gekommen waren, um ihr zu gratulieren.

„Ich danke euch allen von ganzem Herzen!" rief sie laut und froh und wurde von ihrer eigenen Stimme wach. Erschrocken öffnete sie die Augen und sah sich um.

Es war heller Tag! Nein, es mußte bereits Nachmittag sein, denn die Sonne war ja schon fast über den ganzen Himmel dahergezogen.

„So etwas!" schimpfte Schuhu ärgerlich. „Warum muß mir das gerade heute passieren!" Jetzt waren sicher alle zu ihr gekommen und beleidigt wieder davongegangen, weil Schuhu sie nicht gehört, sondern nur geschlafen hatte.

Schuhu reckte sich nach unten, als sie es unten an der Baumwurzel rascheln hörte. Oja, Schuhu hatte gute Ohren. „War jemand für mich da?" rief sie dem Igel zu, der im Laub herumstocherte. „Nicht daß ich wüßte!" antwortete er kurz. „Aber mach' nicht solchen Krach. Heute nachmittag schläft fast alles im Wald!"

„Seltsam!" sprach die alte Eule leise zu sich selbst. „Sehr seltsam!"

Dann flog sie mit kräftigen Schwingen über die Wiese zum Wald. Wie ärgerte sie sich, daß sie doch wieder eingeschlafen war. Heute! Ausgerechnet heute an ihrem Geburtstag!

Am Teich stand der Storch unbeweglich auf einem Bein. „Hallo, Freund!" rief die Eule und kreiste im Bogen um ihn herum. „Weißt du, daß heute jemand Geburtstag hat?"

Der Storch zuckte zusammen. Ärgerlich wandte er sich ihr zu. „Mußt du mich so laut wecken!" schimpfte er. „Ich muß doch noch ein bißchen vorschlafen, weil ich heute abend zur Feier will!"

„Was für eine Feier?" fragte Schuhu neugierig. Doch da war der Storch bereits wieder eingeschlafen und gab keine Antwort mehr.

Dafür war Ulli, das Rehkitz munter. Doch bevor Schuhu herunterfliegen und es fragen konnte, war die Rehmutter schon bei ihm und stupste es ganz gehörig.

„Jetzt wird geschlafen!" schimpfte sie. „Sonst darfst du heute abend nicht mitkommen!"

„Wohin denn nur?" schrie Schuhu so laut sie konnte. Doch die Rehmutter hörte schon nichts mehr.

„Sie haben alle meinen Geburtstag vergessen!" jammerte die Eule vor sich hin und flog immer weiter. Wen sie treffen würde, den wollte sie wenigstens jetzt noch einmal einladen. Mit irgendjemand wollte sie doch so gern Geburtstag feiern.

Doch die Tiere, die sonst tagsüber munter waren, schliefen heute nachmittag alle.

Da hörte sie in der Ferne einen Vogel ganz wunderschön singen. So schnell sie konnte, flog sie dorthin, woher der Gesang kam. Und dann sah sie die kleine Nachtigall auf einem Zaun sitzen.

„Pst!" flüsterte der zierliche Vogel, als Schuhu ihn gerade fragen wollte, ob er zu ihrem Geburtstag mitkäme. „Ich muß diese eine Stelle noch einmal üben, damit sie heute abend auch richtig klappt!"

Da blieb Schuhu ganz still sitzen, schloß die Augen und lauschte dem Lied des kleinen Sängers.

Und als sie ihre Augen wieder öffnete, war die Nachtigall längst davongeflogen und die Sonne bereits dabei, unterzugehen. Ja, Schuhu war schon wieder eingeschlafen. Sie war es eben nicht gewohnt, am Tag wachzubleiben.

Jetzt war sie nicht mehr ärgerlich, sondern nur noch enttäuscht. Enttäuscht von sich selbst, weil jetzt nicht einmal die kleine Nachtigall mitkommen würde, um mit ihr zusammen ihren Geburtstag zu feiern.

Ganz traurig und einsam hockte sie da. Dabei hatte sie sich doch so sehr auf diesen Tag gefreut, der ein ganz besonders schöner Tag werden sollte.

Als sie sich endlich erhob und ihre Flügel ausbreitete, da hatte sie nicht einmal Lust, nach Hause zu ihrer alten Eiche zu fliegen. Keiner war gekommen, um ihr zu gratulieren! Nicht ein einziger! Woran mochte das liegen? Und verzweifelt redete sich Schuhu am Ende ein, daß alle Tiere sie nicht leiden konnten. Sonst wäre doch sicher wenigstens einer zu ihr gekommen. „Du hast ja auch verschlafen!" sagte sie ärgerlich zu sich selbst. „Jetzt kannst du deinen Geburtstag bis nächstes Jahr vergessen!"

Müde und traurig machte Schuhu sich endlich auf den Heimweg. Es war ein recht weites Stück, das sie vor sich hatte. Als sie sich aber ihrer Eiche näherte, glaubte sie im ersten Augenblick, sie hätte sich verflogen.

Sie ließ sich auf einer Buche in der Nähe nieder und konnte es einfach nicht fassen, was sie da sah und was bei der alten Eiche vor sich ging. „Jetzt bin ich aber wirklich wach!" sagte sie zu sich selbst und zwickte sich mit dem Schnabel einmal so kräftig in ihr Bein, daß es schmerzte.

Der Mond war aufgegangen, und sein helles Licht fiel genau auf die alte Eiche und den Platz davor. So war alles rund um die Eiche hell erleuchtet. Und

Schuhu konnte alle im hellen Lichtschein davor sitzen und stehen sehn, auf die sie den ganzen Tag gewartet hatte. Rehe und Hasen, Wildschweine und Hirsche und sogar der Fuchs. Auch der Storch war da, den sie vorhin am Teich getroffen hatte. Der Baum aber war voller Vögel. Alle waren sie gekommen, um Schuhu zum Geburtstag zu gratulieren. Und spätabends waren sie gekommen, weil keiner Schuhu an ihrem Geburtstag am hellen Tag stören wollte. Da hatten sie alle etwas vorgeschlafen, um nun mit Schuhu ihren Geburtstag zu feiern.

Da hielt es die Eule nicht länger in der Buche aus. Sie reckte und streckte sich, breitete ihre Flügel aus und flog zu ihrer Eiche. Vorher aber machte sie noch eine Runde, kreiste über den Tieren, die sich vor der Eiche versammelt hatten und ließ sich dann mitten unter den Vögeln, die im Baum saßen, glückstrahlend nieder.

Als aber die Tiere bemerkten, daß die alte Schuhu endlich wiedergefunden worden war, kamen sie alle zu ihr und gratulierten ihr. Und nach und nach erfuhr die alte Eule, daß sie extra wegen ihr einen Mittagsschlaf gehalten hatten. Schließlich wollten sie ja alle pünktlich am Abend beim Geburtstag sein. So gern hatten sie die alte Schuhu, daß sie so viel Rücksicht auf sie nahmen.

Es wurde ein schönes Fest. Ein Fest, daß keiner mehr vergaß. Am allerwenigsten die alte Schuhu. Am schönsten aber war es, als die Nachtigall ihr Lied anstimmte. Da konnte sich die Eule nicht dran satthören.

„Das kannst du immer hören!" flüster

te ihr die Nachtigall zu, als sie sich spät in der Nacht von der Schuhu verabschiedete. „Warte nur morgens, bis gerade die Sonne aufgeht. Dann singe ich mein erstes Lied ganz allein für dich!"

Da freute sich die Eule so sehr, daß sie allen noch ein paarmal dankte, daß sie extra wegen ihr so spät am Abend noch gekommen waren.

Es war der schönste Geburtstag, den sie je gefeiert hatte...

Ferien in den Bergen

Text: Rolf Krenzer / Musik: Detlev Jöcker

2. Wir steigen und fahren
im Lift in die Höh'
und finden dort oben
noch richtigen Schnee.
Wir jodeln dazu:
„Jodeldi, jodeldo!"
Und sind dann richtig froh.

Refrain: Jodeldi, jodeldo...

3. Und ruhn wir uns aus
auf der Alm bei der Kuh,
Dann gibts frische Milch
und noch Käse dazu.
Wir jodeln dazu:
„Jodeldi, jodeldo!"
Und sind dann richtig froh.

Refrain: Jodeldi, jodeldo...

4. Und spielt Sonntagabend
die Dorfmusik dann,
zeigt jeder beim Tanzen,
wie gut er es kann.
Wir jodeln dazu:
„Jodeldi, jodeldo!"
Und sind dann richtig froh.
Refrain: Jodeldi, jodeldo...

5. Ach, würden die Ferien
doch niemals vergehn,
denn hier in den Bergen,
da ist es so schön.
Wir jodeln dazu:
„Jodeldi, jodeldo!"
Und sind dann richtig froh.
Refrain: Jodeldi, jodeldo...

Fingerspiel

Fünf kleine Leute
zogen in die Welt.
Der erste nahm den Autobus,
der zweite nahm den Schienenbus,
der dritte holt sein Fahrrad raus,
der vierte mit dem Auto saust,
der fünfte ging zum Schluß
zu Fuß.
*(Die einzelnen Finger einer Hand
werden gezeigt)*

Das schmeckt uns im Sommer besonders gut

Rätsel um Obst und Früchte

Der Busch, an dem sie wachsen,
will seine Stacheln zücken.
Drum gehe ganz behutsam vor,
willst du die Beeren pflücken.
Es haben zarte Borsten
die gelben, roten Beeren.
Doch wenn du sie gepflückt hast,
willst du sie gern verzehren.
(Stachelbeeren)

Willst du mich im Garten bücken,
mußt du dich hinunter bücken.
Eine Beere, rund und schön!
Laß sie zart im Mund vergehen,
Sahne, Zucker, Milch dazu.
Jeder ißt mich auf im Nu.
(Erdbeere)

Ich bin rot und rund
und sehr gesund.
Du kannst mich sogar,
ich will es dir sagen,
wer Ohrringe an den Fingern tragen.
Innendrin ist ein harter Kern,
aber jeder ißt mich gern.
(Kirsche)

Liederspiel

Das Lied von der Vogelhochzeit ist bekannt.
Zu jeder Strophe dieses Liedes können wir diesen neuen Text singen und darstellen, was wir alles unternehmen können, wenn die Sonne scheint. Dazu lassen sich viele weitere Strophen erfinden:

Ein Tümpel glänzt im Sonnenschein,
da stecken wir die Beine rein.
Fiderallala...

Jetzt holt den Liegestuhl heraus
und ruht euch faul im Schatten aus.
Fiderallala...

Und morgen, Leute, das steht fest,
da feiern wir ein Sommerfest.
Fiderallala...

Wir holen unser Fahrrad raus
und radeln in die Welt hinaus.
Fiderallala...

Im Garten wird der Tisch gedeckt,
damit es allen Leuten schmeckt.
Fiderallala...

Schäfchen ist eingeschlafen

Schäfchen ist eingeschlafen.
Wenn wir es entdecken,
darf es keiner wecken
oder gar erschrecken.
Welch ein Krach!
Schon ist das Schäfchen wach!

● Spielvorschlag

Einer spielt das Schäfchen, legt sich mitten in den Kreis und schließt die Augen. Alle anderen Spieler schleichen sich so leise wie möglich an das Schäfchen heran.
Dann klatscht der Spielleiter plötzlich laut in die Hände, das Schäfchen erwacht und läuft ganz schnell davon.
Sollte es aber einem Spieler gelingen, das Schäfchen schon vorher behutsam zu streicheln, darf er in der nächsten Spielrunde das Schäfchen sein.

Ferienflohmarkt

Wenn es Zeit ist, das Kinderzimmer „auszumisten", hilft unser Kind selbst dabei. Da gibt es sicher einiges, von dem man sich trennen kann. Spielzeug, mit dem man nicht mehr spielt, weil es für jüngere Kinder ist. Dinge, die doppelt vorhanden sind.
Auf der Straße vor dem Haus können wir einen richtigen Flohmarkt veranstalten. Da kann dann angeboten und getauscht werden.
Noch besser, wir stellen Spielzeug zusammen, das noch gut ist, mit dem wir aber nicht mehr so häufig spielen. Bestimmt können wir es an Kinder in anderen Ländern schicken, die nichts oder nur ganz wenig Spielzeug haben. Vielleicht gibt es auch Kinder ganz in der Nähe, in Flüchtlingslagern, Asylantenheimen usw., denen man damit eine Freude bereiten kann.

Ein Tag schöner als der andere

„Sven fährt in den Ferien nach Schweden!" sagt Katrin. „Und Maya fliegt nach Amerika!"

„Schön!" Mama nickt.

„Warum fahren wir nicht fort?" fragt Katrin.

„Weil Papa keine Arbeit mehr hat!" sagt Mama. „Zum Verreisen langt unser Geld nicht!"

„Esther und Mark gehen jeden Tag mit ihren Eltern ins Wellenbad!" Katrin blickt Mama bittend an. „Weißt du, in dieses tolle neue Bad, von dem Onkel Udo immer erzählt!"

„Die haben dort auch tolle Preise!" Mama seufzt leise.

„Ich möchte auch einmal verreisen!" sagt Katrin traurig und weiß doch genau, daß sie dieses Jahr bestimmt zu Hause bleiben.

„Wohin denn?" Papa ist hereingekommen, ohne daß Katrin ihn gehört hat.

„Nach Amerika!" sagt Katrin.

Papa schüttelt den Kopf. „Zu weit!"

„Nach Australien!" Anja war Weihnachten mit ihren Eltern dort.

„Das ist ja noch weiter!" stöhnt Mama. Sie stößt Papa an. „Mach' dem Kind keine falschen Hoffnungen!"

„Laß uns doch mal träumen!" Papa lacht und gibt Mama einen Kuß.

„Ans Meer!" sagt Katrin.

„Schon besser!" Papa nickt ihr zu.

„In die Berge!"

„Genau!" Papa nimmt Katrins Hände und wirbelt sie im Kreis herum.

„Was meinst du?" fragt er Mama.

„Wollen wir in die Berge fahren?"

„Du weißt genau, daß die Hotels in den Alpen viel zu teuer für uns sind. Und erst die Fahrt mit der Bahn!"

„Wir fahren einfach mit unseren Fahrrädern!" lacht Papa.

„Dann kommen wir nie an!" sagt Mama. „Und für Katrin ist das viel zu weit!"

Doch Katrin hört überhaupt nicht mehr, was die Eltern noch miteinander sprechen. Sie wirbelt im Zimmer herum und singt: „Wir fahren in die Berge! Wir fahren in die Berge!"

Plötzlich bleibt sie vor Papa stehen. „Wann fahren wir?"

„Morgen!" sagt Papa.

„Juchhu!" schreit Katrin und fällt Papa um den Hals.

Mama lacht. Also hat Papa sie herumgekriegt.

Am nächsten Morgen weckt Papa Katrin schon sehr früh. „Auf, es geht los!" sagt er. „Wer in die Berge fahren will, muß früh aufstehen!"

Sogleich ist Katrin munter. Sie wäscht sich schnell und schlingt das Frühstücksbrot so hastig herunter, daß Mama ruft: „Zum Essen haben wir wirklich noch genug Zeit!"

Weil Katrins Eltern kein Auto haben, fahren sie zum Einkaufen und auch sonst immer mit dem Fahrrad. Auch Katrin kann schon seit langem radfahren.

„Und die Koffer?" fragt sie, als Mama nur mit dem großen Picknickkorb kommt und ihn hinten auf ihren Gepäckträger klemmt.

„Die sind viel zu groß und schwer für das Fahrrad!" sagt Papa und steigt bereits auf sein Rad. „Auf, Leute! Es geht los!"

Zuerst fahren sie durch die Stadt, aber

dann geht es weiter auf der Landstraße an Wiesen und Feldern vorbei, von einem Dorf zum anderen. Katrin ist noch nie hier gewesen. Nachdem sie ein großes Stück gefahren sind, hält Papa an einem Feld an.

„Schau mal nach drüben!" sagt er und deutet mit seinem Finger nach vorn.

Ganz weit entfernt sind wirklich ein paar Berge zu erkennen.

„Das sind zwar nicht die Alpen!" sagt Papa. Sie sind längst nicht so hoch. Eigentlich sind es nur kleine Hügel. Aber für mich sind es die schönsten Berge, die ich kenne!"

Ja, Katrin kann die Berge ganz deutlich sehen. Aber es ist noch ein weiter Weg bis dorthin.

Am Mittag sind sie schon ein ganzes Stück näher an die Berge herangekommen.

Als Mutti den Picknickkorb ausgepackt hat setzen sie sich auf einen kleinen Abhang an einer großen Wiese und lassen es sich schmecken.

„Schlafen wir in einem Hotel?" fragt Katrin. „Ja!" Mama lacht. „In einem ganz besonderen Hotel." Sie nickt Katrin lachend zu. „Du bist auch schon in diesem Hotel gewesen!"

Da muß auch Katrin lachen. „Du schwindelst!" ruft sie. „Ich war noch nie in einem Hotel!"

„Na gut, fast ein Hotel!" sagt Papa.

„Und unsere Koffer?" fragt Katrin noch einmal.

„Wir haben sie vorgestern abend zum Bahnhof gebracht!" sagt Mama. „Sie sind bestimmt schon in den Bergen angekommen!"

„Sind wir auch bald da?" fragt Katrin.

„Wenn wir uns etwas beeilen!" meint Papa und hilft, alles wieder in den Picknickkorb zu räumen. Mama klemmt ihn wieder auf ihren Gepäckträger, und weiter geht die Fahrt.

Spät am Nachmittag kommen sie dann in den Bergen an. Aber es sind wirklich keine so hohen Berge, wie Katrin sie sich gewünscht hat.

„Ja", sagt Papa, „dann müssen wir aber noch mindestens drei Tage lang mit unseren Rädern fahren.

„Hier die Berge sind auch schön!" meint Mama. „Hier gibt es eine Burg und sogar eine Höhle, die man richtig besichtigen kann. Und einen kleinen Wasserfall gibt es und ein großes Felsenmeer. Du glaubst nicht, wie schön es hier ist, wenn es auch nicht die richtigen hohen Berge sind!"

Katrin staunt. „Woher weißt du das alles?" fragt sie.

Mama hat es sicher nicht gehört. Sie radelt bereits schnell auf das nächste Dorf zu.

„Hier war ich vielleicht doch schon mal!" sagt Katrin und sieht sich um. „Schön ist es hier!" sagt sie. „Wunderschön!"

Als sie zum nächsten Dorf kommen, ist sich Katrin ganz sicher, daß sie hier schon einmal gewesen war. Es kommt ihr alles so bekannt vor.

„Unmöglich!" sagt Papa. Wir waren noch nie mit den Rädern hier!"

Und dann zeigt er ihr den Kirchturm mit dem schiefen Dach. „Das ist etwas ganz Besonderes!" sagt er. Natürlich war Katrin hier schon einmal. Aber wann war das?

Und dann sieht sie den kleinen Lebensmittelladen auf der anderen Straßenseite.

Natürlich kennt sie den Laden auch. „Aber woher?" fragt sie sich. „Wüßte ich nur woher?"

„Fahren wir noch ein Stück!" sagt Papa. „Dann kann ich dir zeigen, wo wir wohnen werden!"

„Ich freue mich schon auf das Hotel," denkt Katrin dann beim Weiterfahren. „Da vorn ist unser Hotel!" ruft Papa plötzlich. Da durchfährt es Katrin von oben nach unten. Natürlich kennt sie das Dorf! Sonst sind sie immer mit dem Zug hierher gefahren. Noch nie mit dem Fahrrad. Und das Hotel da vorn ist gar kein Hotel! Es ist ein Haus, das in dieses Dorf gehört. Und die Frau, die am Gartentor steht, und ihnen schon von weitem winkt, ist niemand anderes als Katrins Oma.

Oma nimmt Katrin in beide Arme. Dann drückt sie Mama und Papa. „Ich freue mich ja so, daß ihr da seid!" sagt Oma immer wieder.

„Und mit den Rädern die weite Strecke gefahren!" Sie wendet sich an Mama: „Eure Koffer sind auch schon da!" Da merkt Katrin, daß Papa alles schon lange geplant hat und daß er ihr eine richtige Überraschung bereitet hat, denn es gibt nichts Schöneres, als zu Oma zu fahren. Sie ist so froh, daß sie singen und tanzen möchte.

Zusammen mit ihren Eltern schiebt Katrin ihr Rad in Omas Hof. Dann aber stürzt sie ins Haus und ist so richtig froh, daß sie wieder bei Oma ist.

„Aber das sind doch nicht die richtigen Berge!" flüstert Katrin Papa beim Kaffeetrinken ins Ohr. „Aber fast sind es die richtigen!" Papa guckt ganz ernst und verkneift sich ein Lachen. „Nicht so hoch, aber viel, viel schöner!" Dann zeigt er auf den Berg frisch gebackener Waffeln, die vor ihnen auf dem Kaffeetisch stehen.

„Es gibt hier noch viele andere Berge!" fügt er schmunzelnd hinzu. „Waffelberge, Kartoffelberge, Mistberge..."

„Hör' auf!" ruft Mama. „Sonst verschluckt sich Katrin noch vor Lachen!"

„Und bist du zufrieden?" fragt sie dann. „Oma hat uns schon lange eingeladen, aber es sollte eine Überraschung für dich werden!" „Bei Oma ist es am allerschönsten!" lacht Katrin und rutscht auf Omas Schoß. Sie weiß, es werden wunderschöne Ferien. Ein Tag schöner als der andere!

Hey, hey, ho, jetzt ziehn wir los

Text: Rolf Krenzer / Musik: Detlev Jöcker

1.Hey, hey, ho, jetzt ziehn wir los zu dem klei- nen See ganz in uns- rer Näh, wo man schwim- men kann, wie die Fi- sche dann. Und der Spaß ist rie- sen- groß.

2. Hey, hey, ho,
wir ziehen dann,
weil das jeder kann,
Badehosen an.
Dazu obendrein
cremen wir uns ein,
und dann fängt es richtig an.

3. Hey, hey, ho,
jetzt rennen wir
übern heißen Sand
bis zum kleinen Strand.
Mit dem großen Zeh'
in den kühlen See,
denn jetzt sind wir endlich hier!

4 Hey, hey, ho,
jetzt gehen wir
schnell ins Wasser rein.
Nichts kann schöner sein!
Und die kühle Flut,
tut uns allen gut.
Drum gefällt es uns auch hier.

5. Hey, hey, ho,
ja, das macht Spaß!
Wer schon schwimmen kann,
zeigst den andern dann.
Einer taucht sogar.
Das ist wirklich war!
Und spritzt alle andren naß.

6. Hey, hey, ho,
kommt schnell heraus!
Es ist höchste Zeit!
Zieht euch an, ihr Leut'!
Denn schon bald sind wir
alle wieder hier.
Aber jetzt geht es nach Haus!

Sommerzeit - Ferienzeit.
Da weiß jeder gleich Bescheid.
Du siehst Schmetterlinge fliegen,
Vögel hoch im Wind sich wiegen,
dicke Hummeln
fröhlich brummeln.
Auf der Wiese und im Garten
so viel Blumen auf dich warten.
Jetzt hast du für alles Zeit.
Sommerzeit - Ferienzeit.
Da weiß jeder gleich Bescheid.

● Spielvorschlag

Die Strophen zählen auf, was man alles
am Wasser erleben kann. Sie lassen sich
leicht in ein darstellendes Spiel oder in
eine Pantomime zu dem Lied umsetzen.

Sommerzeit -Ferienzeit

Sommerzeit - Ferienzeit.
Da weiß doch jeder gleich Bescheid.
Du kannst faul im Bett noch bleiben.
Keiner kann dich hier vertreiben.
Spielen, lachen,
Unsinn machen.
Du kannst schlafen, du kannst dösen
oder Bilderbücher lesen.
Jetzt hast du für alles Zeit.

Sommerzeit - Ferienzeit.
Sommerzeit - Ferienzeit.
Da weiß jeder gleich Bescheid.
Du kannst faul im Schatten liegen,
träumen, mit den Wolken fliegen,
hinter Hecken
dich verstecken,
du kannst wandern, schwimmen,baden
und durch kleine Bäche waten.
Jetzt hast du für alles Zeit.

Schatztruhe

Wir brauchen nur einen kleinen Karton,
den wir vorher bunt beklebt haben, so
daß er recht geheimnisvoll aussieht.
Vielleicht haben wir auch eine Holzkiste
oder eine richtige kleine Schatztruhe.
Manchmal werden Geschenkartikel
besonders originell in kleinen Schachteln verpackt.
Beim Spaziergang am Strand sammeln
wir alles, was interessant ist, und legen
es in die Schatztruhe, zum Beispiel
Muscheln, Gehäuse von Seeschnecken,
vom Wasser abgeschliffene Steine in
verschiedenen Farben und Größen, Federn usw.
Zu Hause wird alles gründlich gereinigt
und getrocknet. Wenn wir uns dann am
Abend unsere Schätze zeigen, fallen uns
vielleicht Geschichten dazu ein, die wir
uns dann erzählen.
Wir können auch einen Mitspieler mit
verbundenen Augen in unsere Schatztruhe greifen lassen. Dann muß er raten, was das ist, was er herausgenommen hat.

Strandmosaik

Wir sammeln beim Strandspaziergang alle möglichen Muscheln und kleine Steine in vielen Farben.

Wir füllen eine leere (Zigarren-)Kiste mit feuchtem Sand und glätten mit einer Leiste sorgfältig die Oberfläche.

Mit den bunten Muscheln und Steinen können wir nun Muster oder figürliche Motive in den Sand legen.

Die Kiste mit dem Sand kann immer wieder benutzt werden.

Soll das Stradmosaik haltbar gemacht werden, müssen drei Teile Sand mit zwei Teilen Tapetenkleister unter kräftigem Rühren zu einem dicken Brei vermischt werden. Dieser Brei wird in die Kiste gefüllt und mit einer Leiste sorgfältig geglättet. Dann gestalten wir unser Mosaik in dieser Masse.

Bei normaler Zimmertemperatur (nicht auf die Heizung stellen!) trocknet dieses Gemisch in wenigen Tagen und die eingelegten Muscheln und Steine sind fest eingefügt. Wir können sie nun mit einem feuchten Tuch oder mit einem mit Öl angefeuchteten Lappen noch polieren.

Im Wasser und auf dem Meeresboden

Wenn wir erfahren haben, was es alles im Meer (im Teich, im See) gibt, können wir versuchen, es so darzustellen, wie es im Wasser lebt. Jeder denkt sich etwas aus, was er darstellen möchte, zum Beispiel eine Muschel, den Seetang, eine Qualle, eine Scholle, einen Hering, einen Sandwurm, einen Stein...

Nun sollen wir uns alle so bewegen, wie es die verschiedenen Tiere und Dinge im Wasser tun. Mit einem Tamburin kann der Spielleiter einen ganz leichten Rhythmus dazu angeben.

Steine, Seetang usw. sind an einer Stelle verankert. Sie müssen Hände, Arme und Beine benutzen, um ihre Bewegungen darzustellen. Der Seetang wiegt sich leicht hin und her, die Muscheln öffnen und schließen sich, die Steine hocken fest auf dem Grund. Dazwischen bewegen sich langsam und vorsichtig die Fische, die Quallen, die Seepferdchen usw.

Die Brandung des Meeres nimmt Steinchen, Muscheln usw. mit und spült sie wieder zurück. Wir bilden zwei Gruppen. Eine Gruppe stellt das Meer dar, die andere all das, was vom Wasser zum Strand und wieder zurückgetragen wird.

Mit dem Wasser bewegen sich Steine, Muscheln usw. leicht vor und zurück.

Als Pantomime darstellen

Einer stellt eine Bewegungspantomime dar, die von den anderen erraten werden soll, z.B. Sand durch die Finger laufen lassen, eine Sandburg bauen, im Sand graben, sich Sand von Händen und Füßen bürsten, Kleidung ausziehen und Badehose anziehen usw.

Die Ferien fangen ja gut an!

Als sie das kleine Haus, das sie für die Sommerferien gemietet hatten, endlich gefunden hatten, da konnten sie es nicht fassen! Alles war noch viel schöner, als sie es sich vorgestellt hatten. Mama und Papa liefen um das Haus herum, und Opa humpelte mit seinem Stock hinterher.

„Seht doch nur, die große Wiese!" Mama strich mit den Händen über das Gras.

„Und direkt am Wald!" Papa legte den Arm um Mama.

„Hoffentlich gibt es im Haus einen bequemen Sessel für draußen!" meinte Opa.

„Hier könnte ich schön sitzen!"

„Gibt es alles!" Papa lachte. Wenn es um das Haus herum bereits so schön ist, dann werden wir auch im Haus alles finden, was wir uns wünschen!" Er schritt zur Haustür und öffnete sie mit dem Schlüssel, der letzten Montag mit der Post gekommen war.

„Wunderschön!" Mama und die Kinder sagten es fast gleichzeitig.

„Dann helft mal alle mit, das Auto auszuräumen!" rief Papa.

Schon bald darauf zog eine lange Karawane vom Auto zum Haus und wieder zurück. Alle waren schwer beladen und legten zunächst einmal in dem großen Wohnzimmer alles ab, was Papa ihnen in die Hand gedrückt hatte. Sogar Opa half mit. Nur der kleine Robin stand im Weg. Silke schimpfte, weil sie fast über ihn gestolpert wäre. Und dann zankte sich Annette mit ihm, weil er unbedingt die Tasche wieder hinaustragen wollte, die Annette gerade ins

Haus geschleppt hatte.

„Weißt du was, Robin!" sagte Mama schließlich. „Nimm dir deine drei Bilderbücher und setz' dich irgendwohin, wo es dir gefällt. Wenn du die Bilderbücher gelesen hast, sind wir auch mit dem Auspacken fertig!" Sie schob ihm die drei Bücher unter den Arm. „Und nimm dir die Tüte mit den Kirschen mit!"

„Hier kann man ihn ruhig laufen lassen!" sagte sie zu sich selbst, als sie Robin langsam davongehen sah. „Mach die Tasche richtig zu!" schrie sie gleich darauf hinter Annette her, die Papas prall gefüllte Fototasche zum Haus schleppte.

Es brauchte seine Zeit, bis das Auto endlich ausgeladen war. Papa fuhr es auf den Stellplatz neben dem Haus und war dann wieder zur Stelle, um nun im Haus mitzuhelfen, die vielen Sachen auf die Zimmer zu verteilen.

Zuerst Opas Koffer und seine Tasche, weil Opa bereits darauf wartete, jetzt endlich in eine Zimmer zu kommen. „Ihr ruft mich dann, wenn es Abendessen gibt!" sagte er, als er langsam hinter Papa die Treppe hinaufging. Papa schleppte für ihn alles nach oben.

Mama mußte lachen. Es war noch heller Nachmittag, und Opa dachte schon ans Abendessen.

Silke und Annette brachten ihre Sachen selbst in ihre Zimmer und freuten sich wie schön sie es dort hatten.

„So, und jetzt ist unser kleiner Robin dran!" sagte Papa und blickte sich suchend um. Er hatte bereits Robins Koffer in der Hand und griff nun nach dem Korb mit den vielen Spielsachen, die alle Robin gehörten und von denen er sich auch im Urlaub nicht trennen wollte.

„Wo ist Robin denn?" fragte er erstaunt. Da erinnerte sich Mama plötzlich daran, daß sie ihn mit seinen Bilderbüchern fortgeschickt hatte. Aber seitdem war schon viel Zeit vergangen. Eigentlich blieb Robin nie lange fort.

„Robin!" rief sie nach oben und hoffte, daß er inzwischen heimgekommen war und sich heimlich zu Opa oder zu den beiden Schwestern geschlichen hatte. Doch kein Robin antwortete.

„Dann ist er noch draußen!" sagte Mama und lief zur Haustür.

„Robin!" Mama hielt ihre Hände wie einen Trichter vor den Mund. Es schallte laut über die Wiese und tief in den Wald hinein.

Kein Robin antwortete.

„Er kann doch nicht weit sein!" sagte Mama schließlich und machte sich auf den Weg , um Robin zu suchen. Sie lief über die Wiese, ging ein Stück weiter an einem Acker vorbei, und gelangte schließlich zu einem großen Wald. Nein, soweit konnte Robin nicht gelaufen sein! Also ging Mama ein Stück in die andere Richtung. Keine Spur von Robin!

Atemlos kam sie zurück. „Robin ist weg!" war alles, was sie sagen konnte.

Da machten sich sogleich alle auf die Suche. Mama und Papa, Opa und die beiden Mädchen. Sie suchten überall und konnten ihn nicht finden.

Dann kam Silke angerannt.

„Auf dem See ist er!" schrie sie. „Mit einem kleinen Boot mitten auf dem See."

„Warum hat denn keiner auf den Kleinen aufgepaßt!" schimpfte Opa, und schon schrien sie alle durcheinander.

„Ruhe!" sagte dann Papa. „Wenn er im Boot sitzt, ist ihm ja noch nichts passiert!"

Er rannte los in eine Richtung und bremste dann plötzlich. „Wo ist denn dieser See, Silke?" rief er dann, und Silke zeigte in eine ganz andere Richtung. So liefen sie alle hinter Silke her und sahen schon bald den See vor sich.

Es war ein recht großer schöner See, mitten zwischen Wiesen gelegen. Es gab sogar einen kleinen Anlegesteg. Und dann sahen sie Robin.

Silke hatte recht gehabt. Er saß in einem kleinen Boot, studierte seine Bilderbücher und ließ sich langsam über den See treiben.

Die Ruder entdeckte Annette bald darauf am Bootssteg.

Robin hatte sie hier liegen lassen, weil er nicht wußte, wie man mit ihnen umgeht.

Schließlich hatte er ja sein Leben lang noch nie in einem Ruderboot gesessen.

„Robin!" rief Mama aufgeregt und winkte.

„Ich fahre Schiff!" rief Robin glücklich.

„Komm sofort hierher zu uns!" brüllte Papa. Dabei mußte er doch wissen, daß Robin ohne ein Ruder niemals zurückkommen konnte.

„Huhu!" rief Robin fröhlich und winkte mit beiden Händen.

„Robin, du kannst doch nicht allein mit dem Schiff auf den See fahren!" brüllte Opa und fuchtelte wild mit seinen Armen.

„Kann er doch!" gab Mama zur Antwort.

„Du brauchst nur hinzugucken!" Sie war so aufgeregt, daß ihre Stimme fast überschnappte.

„Komm, Robin!" lockte Papa mit lieber Stimme.

Doch Robin winkte nur.

Wie sollte er auch zu Papa kommen, wenn er ohne Ruder dasaß.

„So kann er noch lange da sitzen!" meinte Annette.

„Er muß warten, bis ihn die Wellen zu uns treiben!"

„Auf dem See sind keine Wellen!" stellte Silke ruhig fest.

„Komm, Robin!" rief Mama und winkte mit beiden Händen.

„Nein!" schrie sie im nächsten Augenblick, denn Robin versuchte doch tatsächlich, aus dem Boot ins Wasser zu steigen. „Setz dich ruhig hin. Wir holen dich bald!"

Da setzte sich Robin wieder in das kleine Boot und winkte erneut.

„Ich schwimme zu ihm!" sagte Papa kurz. „Wo ist meine Badehose?"

„Irgendwo im Koffer!" sagte Mama.

„Wir dürfen keine Zeit verlieren!" rief Opa. „Du brauchst doch keine Badehose. Hier ist kein Mensch außer uns. Schwimm einfach in deiner Unterhose zu ihm!"

Und weil Papa noch zögerte, zog Opa blitzschnell seine Hosen aus. „Dann schwimme ich!" sagte er.

„Nein, Opa!" schrien alle vier auf einmal, und Mama hielt Opa ganz fest am Arm.

„Na gut, dann ziehe ich das andere auch noch aus!" sagte Opa ganz ruhig und zog sein Hemd über den Kopf.

Da stand auch bereits Papa in seinen Unterhosen da. „Du schwimmst auf keinen Fall!"

Und dann lief Papa zum See, und watete mit ruhigen Schritten hinein. Hier am Rand, wo er hineingestiegen war, reicht ihm das Wasser gerade bis zum Fußknöchel. „Ich komme!" rief Papa und watete tapfer weiter.

Ängstlich verfolgten ihn die anderen mit ihren Blicken.

„Wie hat er nur das Boot losbekommen?" Mama wunderte sich immer noch.

Kopfschüttelnd und leise vor sich hinbrummelnd stieg Opa wieder in seine lange Hose.

Papa kam nur langsam vorwärts. Er mußte gut auf die vielen kleine Steine mit zackigen Rändern aufpassen, weil er sich schon ein paarmal ganz empfindlich gestoßen hatte. Badeschuhe waren auch im Koffer.

Je weiter er vom Ufer weggegangen war, umso weiter kam ihm der Weg zu dem kleinen Robin vor.

„Robin, bitte bleib ruhig sitzen!" rief Mama vom Ufer aus. „Papa holt dich!"

In diesem Augenblick rutschte Papa aus und landete mit einem gewaltigen Platsch im Wasser.

„Papa!" brüllte Robin und begann doch nun tatsächlich wieder aus dem Boot auszusteigen.

„Nein! Robin! Nein!" schrien die Mädchen.

„Bleib sitzen!" brüllte Mama, daß sich fast ihre Stimme überschlug.

Das machte auf Robin keinen Eindruck. „Papa, ich helfe dir!" rief er und sprang mit einem Satz aus dem Boot ins Wasser.

„Das Kind ertrinkt uns vor unseren Augen!" rief Mama und hielt sich beide Hände vor die Augen.

„Papa!" rief Robin und winkte Papa mit beiden Händen zu.

Ja, der kleine Robin stand wirklich neben dem Boot, und das Wasser reichte ihm mal gerade so zu den Kniekehlen. Dann nahm Robin das Seil, das vorn vom Boot in Wasser hing, packte es sich über die Schulter und zog das Boot hinter sich her.

Papa war wieder aufgestanden. Staunend stand er im seichten Wasser und sah seinem Jüngsten zu, der ein Boot hinter sich her zog und trotzdem recht geschwind immer näher kam, während Papa sich mühsam mit seinen nackten Füßen in dem flachen Wasser abquälte.

Nun ja, Robin hatte es nicht für notwendig gehalten, seine Schuhe auszuziehen.

Und dann nahm Papa seinen kleinen Jungen auf den Arm, packte mit der anderen Hand das Seil des Bootes und machte sich mit unsicheren Schritten auf den Weg zum Ufer.

„Kind, du hättest ertrinken können!" Mama war ja so glücklich, daß sie Robin wiederhatte.

„Und du fährst nie mehr allein mit dem Boot auf den See" sagte Papa immer wieder. Das versprach Robin gern, obwohl er sich die ganze Aufgeregtheit nicht erklären konnte. Keiner hatte ihm etwas verboten! Und das Wasser hatte ihm Spaß gemacht.

Papa trug ihn auf dem Arm nach Hause.

„Meine Bilderbücher!" sagte Robin plötzlich.

Da liefen die beiden Mädchen zum Boot und holten sie.

„Die Ferien fangen ja gut an!" sagte Opa. „Ist denn jetzt das Abendessen fertig?"

Im wilden, wilden Westen

Text: Rolf Krenzer / Musik: Detlev Jöcker

2. Wir schleichen durch die Büsche
und bleiben leise stehn,
wenn wir den wilden Bären
ganz in der Nähe sehn.
Wir kriechen durch die Höhle,
die tief im Wald versteckt
und graben dort den Schatz aus
den noch kein Mensch entdeckt.

Refrain: Im wilden, wilden Westen...

3. Im Fluß das kühle Wasser
macht allen großen Spaß.
Dort spritzen wir uns immer
so gerne pitsche- naß.
Dann satteln wir die Pferde
und reiten wie der Wind,
bis wir von allen Seiten
bald wieder trocken sind.

Refrain: Im wilden, wilden Westen...

4. Wir Cowboys, ja, wir Cowboys
sind überall beliebt.
Wir sind die besten Reiter,
die besten, die es gibt!
Und morgen geht es weiter
hinaus und querfeldein.
Wir möchten unser Leben
lang immer Cowboys sein.

Refrain: Im wilden, wilden Westen...

Es ist selbstverständlich, daß statt der Cowboys auch Cowgirls eingesetzt werden können.

● Spielvorschlag

In den einzelnen Strophen wird erzählt, was die Cowboys alles tun.
Zu dem Refrain reiten wir alle hintereinander im Kreis herum.
Dann zeigen wir in den einzelnen Strophen, wie die Cowboys reiten, wie sie ihre Lassos schwingen, wie sie durch die Büsche schleichen usw. Dies braucht nicht unbedingt im Kreis hintereinander geschehen. Vielmehr können wir nach allen Seiten ausschwärmen.
Nur dann, wenn der Refrain folgt, finden wir uns wieder im Kreis zusammen und reiten hintereinander her.

Aus dem Lied kann mit einfachen Mitteln auch ein Cowboytanz erarbeitet werden, wobei man unbedingt die Vorschläge der Kinder selbst berücksichtigen sollte.
Allerdings ist hierbei auch die entsprechende Kostümierung wichtig.

Was die Indianer tun

Die Indianer liegen im Kreis und schlafen. Jetzt sagt der Spielleiter, was die Indianer alles tun, und die Indianer führen es sogleich aus: Sie waschen sich, sie schleichen durch die Wälder, sie kriechen auf dem Bauch, sie schwimmen durch das Wasser, sie rudern, sie reiten, sie tanzen um das Lagerfeuer...und zum Schluß legen sie sich wieder zum Schlafen hin.
Die Cowboys tun auch andere Dinge: Sie werfen ihre Lassos, sie treiben die Kühe vor sich her, sie reiten auf einer Kuh, sie reiten auf Pferden usw.

Lustige Rätsel aus dem Wilden Westen

Er reitet über die Prärie
so sicher und so schnell wie nie.
Er schleicht durch die Büsche im
fernen Land
und fängt die Fische mit der Hand.
Im Haar trägt er die schönste Feder.
Wer das ist, das weiß doch jeder.
(Indianer)

Er schreitet über die Prärie
so sicher und stolz wie nie.
Es trägt dieser schöne, stolze Tropf
eine rote Haube auf dem Kopf.
Er kratzt auf den Wegen und auf
dem Mist.
Nun sag mir doch, wer das wohl ist.
(Hahn)

Wenn es geschneit hat,
kannst du ihn sehn
still und stumm
vor dem Wigwam stehn.
Weiß der Bauch und weiß die Haut,
wunderschön ist er gebaut.
Auf dem Kopf die schönste Feder.
Wer das ist, das weiß doch jeder.
(Schneemann bei den Indianern)

Wer reitet in die Prärie hinaus
und sieht genau wie ein Cowboy aus?
Cowboystiefel und Cowboyhut,
Ist das ein Cowboy? Ich sage nein!
Nun sag mir bitte, wer mag das sein?
(Cowgirl)

Cowboys reiten

Weil es bei diesem Spiel recht turbulent zugeht, muß die Spielgruppe (je nach Alter) relativ klein sein.
Alle Kinder stellen Cowboys (oder Indianer) dar. Sie reiten auf imaginären Pferden. Der Spielleiter hat im Spielraum eine Schnur gespannt oder einen Strich auf den Fußboden gezogen. Hier ist ein steiler Abgrund.
Nun müssen alle ganz schnell auf den Abgrund zureiten und rechtzeitig bremsen. So schnell wie möglich wenden sie und reiten zurück. Man kann auch bremsen, wenn der Spielleiter pfeift oder in die Hände klatscht. In dem Fall kann auf Schnur und Strich verzichtet werden.

Wir basteln eine Indianerhaube

Wir brauchen Wellpappe, Buntpapier, Federn (oder steife Pappe, aus der Federn herausgeschnitten werden können), Schere, Klebstoff, ev. Buntstifte.
Zunächst schneiden wir ein ca. 4cm breites Band aus Wellpappe. Es muß ungefähr einen Zentimeter länger als die Kopfweite sein.
Außen bekleben wir das Band mit Buntpapier. Als Schmuck können wir auch Muster aus Buntpapier aufkleben. Nun werden die Federkiele mit Klebstoff bestrichen und von oben in das Band hineingesteckt. Sind keine Federn vorhanden, schneiden wir aus Papier ähnliche Formen aus, die dann noch bunt bemalt oder beklebt werden können.
Schließlich wird das Band an den Enden zusammengeklebt.

Cowboy Jim und die Große Klapperschlange

Wenn Chris eine ganze Woche lang weder Mama noch Papa mit Fernsehen drängelt und quält, dann wird Papa sich einen ganzen Tag für Chris freihalten. Einen ganzen Tag mit Chris spielen. Alles tun, was Chris sich wünscht. Oh, das ist schwer! Chris hat es schon so oft versucht. Einmal hat er es einen ganzen Tag ausgehalten und nicht ein einziges Mal gefragt. Dann sogar fast drei Tage. Aber davon war er zwei Tage mit Mama und Papa verreist.

„Jetzt gibt es schon bald Sommerferien." sagt Papa. „Ob du es noch schaffst?"

„Morgen fange ich an!" sagte Chris und nimmt es sich diesmal so fest vor wie noch nie.

Und wirklich, am Montag bleibt der Fernseher aus. Wenn Papa abends den Kasten anmacht, dann gilt es natürlich nicht. Und wenn Chris dann ab und zu einmal ganz zufällig zuguckt, gilt es auch nicht. Das ist mit Mama so abgemacht. Und noch etwas: Es ist ein Geheimnis zwischen Chris und Mama. Papa ist doch den ganzen Tag über fast immer fort. Da kriegt er sowieso nicht mit, was mit Chris und dem Fernseher passiert.

Noch einer weiß von diesem Geheimnis. Das ist Patrick, Chris' bester Freund. Bei Patrick zu Hause ist es ganz ähnlich. Aber er braucht nur einmal drei Tage hintereinander die Eltern nicht mit Fernsehgucken zu quälen, dann wollen seine Eltern sich einen ganzen Tag freinehmen und nur für Patrick da sein.

Am Mittwochabend hat Chris bereits drei Tage lang kein Fernsehen mehr geguckt, aber natürlich hat Papa die heimlichen Fernsehstunden nicht bemerkt. Und Mama, nein, die verrät nichts.

Als Chris aber abends Papa fragt, ob das mit dem Fernseher noch gilt, da schaut Papa kurz von seiner Zeitung auf und sagt: „Natürlich!" Und er sieht noch nicht einmal, daß Mama und Chris sich ansehen und schmunzeln.

Am Freitag ist es dann für Patrick so weit. Er hat es gut, denn für ihn gilt alles nur bis Sonntag. Drei Tage lang.

Am Sonntagabend fragt Chris Papa: „Eine Woche lang, wie lang ist das? Von Montag bis Sonntag oder von Montag bis Montag!"

„Aha!" Papa lacht. „Dann willst du also morgen damit anfangen!" Er überlegt kurz und meint dann: „Gut, wenn du es wirklich schaffst, dann gilt von Montag bis Sonntag! Aber Sonntagabend!"

„Dann bin ich jetzt fertig!" ruft Chris glücklich und springt mit einem Satz auf Papas Schoß.

„Ja, und du mußt jetzt einen Tag für deinen Sohn freinehmen!" lacht Mama. „Es stimmt wirklich!"

„Und versprochen ist versprochen!" fügt Chris hinzu. Da muß ihm Papa rechtgeben.

„Wann?" fragt Papa.

„Wann du willst!" sagt Chris großzügig. Papa ist Lehrer, und am Donnerstag fangen die Sommerferien an. Würde es passen, wenn Papa gleich den Freitag ganz für Chris freihält?

„Das paßt gut!" sagt Chris. „Der Tag heißt ja auch Freitag!"

„Was wünscht du dir?" fragt Papa.

„Wollen wir in den Zoo fahren? Vielleicht ist irgendwo ein Zirkus. Oder sollen wir ins Kino gehen?"

„Sowas nicht!" Chris schüttelt den Kopf.

„Einen ganzen Tag Cowboy und Indianer spielen!" sagt er dann. Da muß Mama laut lachen. „Ja so billig mit Kino oder Zirkus kommst du nicht davon!" sagt sie und legt beide Arme um Papa. „Es war auch für Chris sehr, sehr schwer, die ganze Woche durchzuhalten!"

„Wer ist Cowboy, und wer ist Indianer?" fragt Papa noch.

„Ich bin Cowboy Jim aus Texas!" sagt Chris schlicht. Ich habe ja meinen Cowboyanzug und den Cowboyhut noch von Fastnacht.

„Und wer bin ich?"

Chris überlegt und sagt schließlich: „Du bist der Häuptling Große Klapperschlange!"

„Sehr ehrenvoll!" Papa nickt. „Aber ich brauche doch nicht den ganzen Tag nackt oder in der Badehose herumzulaufen?" fragt er etwas unsicher.

Chris schüttelt den Kopf. „Du bist ja nicht braun!" sagt er. „Und dann müßten wir extra braune Farbe kaufen!"

Papa atmet auf.

„Nur den Federschmuck brauchst du!" sagt Chris.

„Den muß ich aber nicht den ganzen Tag auf dem Kopf haben?" Papa wird die Sache allmählich unheimlich. „Außerdem habe ich gar keine Indianerfedern!"

„Doch!" antwortet Chris ganz ruhig und blickt Mama an. „Mama macht dir den Federschmuck!"

„Nur so ein Stirnband mit einer Feder!" lacht Mama. Das schaffe ich bis Freitag. „Aber jetzt laß mich meine Zeitung fertig lesen!" sagt Papa. „Bis Freitag ist es ja noch lange hin!"

„Ich habe es geschafft!" erzählt Chris glückstrahlend am nächsten Morgen Patrick.

„Ich auch!" sagt Patrick.

„Eine Woche war aber viel schwerer!" meint Chris nachdenklich.

„Zum Schluß hatten wir beide drei ganz schön schwere Tage!" sagte Patrick. Und da muß ihm Chris rechtgeben.

„Wir spielen den ganzen Freitag lang Cowboy und Indianer!" lacht Chris glücklich.

„Wir vielleicht auch!" Patrick knufft Chris in die Seite. „Wenn Papa seinen Cowboyhut wiederfindet!"

„Und deine Mutter?"

„Sie haben mich rumgekriegt!" meint Patrick. „Mama ist die Squaw und bleibt im Wigwam!" Und als ihn Chris verständnislos anblickt, erklärt er ihm:„ Sie ist die Indianerfrau und muß in der Küche für das Essen sorgen!" Triumphierend fügt er hinzu: „Sie muß aber alles kochen, was ich mir wünsche. Spaghetti mit Tomatensoße und Pommes rot-weiß."

Wenn Papa etwas versprochen hat, kann sich Patrick auf ihn verlassen. So wundert es ihn gar nicht, daß Papa am Freitagmorgen zwar im Schlafanzug, aber mit einem blauen Stirnband mit einer roten Feder auf dem Kopf zum Frühstück erscheint.

Schließlich sitzt der Cowboy Jim auch bereits richtig angezogen vor seinen Cornflakes und wartet auf ihn.

„Hey, Große Klapperschlange!" sagt Chris.

„Ho, mein weißer Bruder!" lacht Papa.

„Er heißt Cowboy Jim!" flüstert ihm Mama zu.

„Laß dir diese Cornflakes schmecken, Cowboy Jim!" sagt Papa.

„Essen Cowboys Cornflakes?" fragt Chris.

„Sicher!" sagt Papa. „Und Steaks!"

„Mit Pommes Frites?" fragt Chris.

„Mit Pommes!" Papa nickt. „Pommes in der Schale. Sie heißen Farmer-Kartoffeln!"

„Bei uns gibt es heute mittag Steaks und Farmerkartoffeln!" sagt Patrick und klatscht in die Hände.

„Okay!" ruft Papa übermütig. „Das ist genau das richtige Essen für den Wilden Westen!"

„Ich habe keine Steaks zu Hause!" Mama schüttelt den Kopf.

„Dann holen wir welche, Cowboy Jim und ich!" sagt Häuptling Große Klapperschlange und zwinkert dem Cowboy zu.

„Okay!" sagt Mama. „Und viel Spaß dabei!"

„Eine Kleinigkeit!" meint Papa und schneidet sich ein dickes Stück Schinken für sein Brötchen ab.

Später, als Papa und Chris das große Indianerzelt neben dem Sandkasten aufgebaut haben und Papa Chris zeigt, wie man mit dem kleinen Taschenmesser die schönsten Muster in den dicken Stock schnitzen kann, steht plötzlich Mama da.

„Wenn ihr Steaks zum Mittagessen haben wollt, müßt ihr sie jetzt holen!"

„Natürlich!" ruft Papa. „Nehmen wir den Wagen oder gehen wir zu Fuß?" fragt er den Cowboy.

„Cowboys reiten oder laufen!" sagt Chris.

„Dann brauchen wir auch keinen Parkplatz zu suchen!" stimmt Papa zu. er reicht Chris die Hand. „Komm Cowboy Jim! Auf geht's!"

Hand in Hand ziehen sie los. Kopfschüttelnd sieht Mama ihnen nach. Schon bald bemerkt Papa, daß viele Leute sie anschauen, ja, sogar stehen bleiben und hinter ihnen herschauen. Viele lächeln dabei. Andere grüßen ganz besonders freundlich.

„Ja", sagt Papa, „Das gibt es nicht oft, daß Papas sich so viel Zeit für ihre

Kinder nehmen!"
„Danke, Große Klapperschlange!" Chris drückt Papas Hand.
„Feiert ihr noch Fastnacht?" fragt eine Frau. Papa schüttelt den Kopf. „Mein Sohn spielt gern Cowboy!" sagt er. „Warum soll er nicht?"
„Ja, warum nicht?" sagt die Frau und geht kopfschüttelnd weiter.
Mit einem gewissen Stolz nimmt Papa die Blicke wahr, die sie streifen. Ja, es ist schon etwas Besonderes dabei, wenn Vater und Sohn sich so gut verstehen!
„Guck mal, ein Hippie!" brüllen dann zwei junge Männer in zerschlissenen Jeans.
„Aber ein alter!" schreit der eine.
„Von vorgestern übriggeblieben!" Sie zeigen mit ausgestreckten Händen auf sie, so daß Chris sich ärgert.
„Kein Hippie!" brüllt er böse zurück. „Er ist Häuptling Große Klapperschlange!"
Da bleibt Papa plötzlich stehen und faßt sich an den Kopf.
Natürlich! Das Stirnband mit der Feder hat er völlig vergessen!
„Stirnband mit Glatze!" schreien die beiden fiesen Typen noch und machen, daß sie davonkommen.
Und Papa steht da, packt mit beiden Händen das Stirnband und möchte es sich am liebsten vom Kopf herunterreißen.
Da zottelt Chris ihn am Arm. „Sieh doch, Papa!" schreit er überglücklich. „Patrick und sein Papa!"
Und dann erblickt auch Papa den großen dicken Sheriff mit dem kleinen Indianerjungen an der Hand.
Der Mann lacht laut, als er Papa sieht und kommt winkend und strahlend auf sie zu. „Da haben uns die beiden

Schlingel aber drangekriegt!" brüllt er und klopft Papa auf die Schulter. „Das ist also der Chris!" sagt er und reicht ihm die Hand. Und dann erzählt Papa von seinem Fernsehversprechen, und Patricks Papa erzählt, was er versprochen hat.
Sie stehen mitten auf dem Bürgersteig, sprechen und lachen. Und es macht ihnen überhaupt nichts mehr aus, daß die Leute stehen bleiben und sie verwundert ansehen. Ja, Indianer und Cowboys trifft man nicht alle Tage.
Für den Nachmittag aber nehmen sie sich vor, zusammen mit dem Auto loszufahren. Da soll es doch in der nächsten Stadt einen richtigen Wildwest-Club geben, den man am Wochenende besuchen kann. Und das Wochenende beginnt am Freitagnachmittag.
„Wir kommen um zwei Uhr bei Ihnen vorbei!" sagt Patricks Vater, als er sich verabschiedet. „Der Patrick weiß ja, wo Sie wohnen! Und bringen Sie Ihre Frau mit!
Wir haben genug Platz in unserem Wagen!"
„Wenn Indianerhäuptlinge im Supermarkt Fleisch einkaufen, legen sie ihren Kopfschmuck ab!" sagt Papa, als er dann mit Chris vor dem Supermarkt steht. „Sie behalten sie sonst da zu Ausstellungszwecken!"
„Wer sagt das?" fragt Chris.
„Es steht irgendwo geschrieben!" sagt Papa. „Ich habe es nur noch nicht gelesen!"
„Okay!" Chris nickt. „Aber nur im Supermarkt!"
„Mein großes Ehrenwort!" sagt Große Klapperschlange. „Hugh, ich habe gesprochen!"

Ich und du, du und ich

Text: Rolf Krenzer / Musik: Detlev Jöcker

1.Ob schwarz und gelb, ob weiß und braun, das
macht uns doch nichts aus. Ob groß und klein, ob dick und dünn, hier
sind wir all zu Haus. Du siehst ganz an- ders aus als ich. Und
stehn wir Hand in Hand, die schwar-ze in der wei-ßen Hand, macht
uns erst in- teres- sant. Ich und
du, du und ich, daß wir uns gut ver- stehn, ich und
du, du und ich, das kann je- der Mensch sehn. Ich und
du, du und ich, das merkt gleich je- des Kind, ich und
du, du und ich, daß wir bes- te Freun- de sind

2. Kommst du weit her aus Vietnam
und du aus der Türkei,
aus Indien oder Afrika,
da ist doch nichts dabei.
Daß jeder Mensch ganz anders ist,
ist für uns alle gut,
denn es kommt immer darauf an,
was man zusammen tut.

Refrain: Ich und du, du und ich...

3. So viele Blumen, wie ihr wißt,
auf jeder Wiese stehn.
Daß jede Blume anders ist,
macht erst die Wiese schön.
Daß wir auch später uns verstehn,
das wünscht sich jedes Kind,
daß wir, wenn wir erwachsen sind,
noch immer Freunde sind.

Refrain: Ich und du, du und ich...

● Spielvorschlag

Wir gehen zu den Strophen ganz durcheinander und in unterschiedlichen Richtungen im Kreis herum. Wenn dann der Refrain beginnt, bleiben jeweils zwei voreinander stehen, deuten auf den, der gegenübersteht und auf sich selbst, geben sich die Hand und tanzen im Kreis herum. Danach trennen sie sich wieder, um beim nächsten Refrain mit anderen zusammenzutreffen. Es können auch mehr als zwei Spieler jeweils zum Refrain voreinander stehen bleiben und etwas miteinander machen.

Allererste Liebesgedichte

Ich mag dich so,
ich mag dich so,
ich mag dich so gern leiden.
Ich stell' mich einfach neben dich.
Wie wär's denn mit uns beiden?

Ich gebe dir die Hand,
und schon sind wir bekannt.
Ich nehm dich in den Arm,
da wird es mir ganz warm.
Ich drücke mich
ganz fest an dich
und frag dich: Magst du mich
genauso wie ich dich?

Ich lade dich ganz herzlich ein:
Komm doch zu mir herein.
Du bist bei mir
und ich bei dir
und wir sind nicht allein.

Das ist mein Freund - Das ist meine Freundin

Wir brauchen eine Tapetenrolle.
Mein Freund legt sich auf ein Stück Tapete, das so groß ist, daß er mit seinem ganzen Körper darauf Platz hat. Mit einem dicken Farbstift oder kräftigen dicken Bleistift (auch Kreide usw.) fahren wir nun an seinem Körper entlang, so daß wir anschließend die Umrisse seines Körpers auf der Tapete haben. Dann lege ich mich hin und werde von meinem Freund gezeichnet. Nun malen wir den Papierfreund so aus, wie unser richtiger Freund aussieht, die gleiche Haarfarbe, das gleiche Hemd, die gleiche Hose usw.

Anschließend wird das große Bild ausgeschnitten, so daß alle Freunde am Ende nebeneinander in natürlicher Größe an der Wand aufgehängt sind.

Schattenbild

Wir brauchen eine Lichtquelle (Lampe) und ein großes Stück weißes Papier. Das Papier heften wir an die Wand und setzen denjenigen, von dem ein Schattenriß angefertigt werden soll, auf einen Hocker oder Stuhl davor. Wir setzen ihn so, daß sein Profil auf dem Papier an der Wand zu sehen ist, wenn wir die Lichtquelle (Lampe, Scheinwerfer, Projektor o.ä) angeknipst haben. Dann müssen wir das Schattenbild auf dem Papier zunächst mit einem kräftigen Stift nachzeichnen. Später können wir es schwarz ausmalen oder auch das Gesicht des Freundes hineinmalen.

Freundschafts-Memory

Wir benötigen: Ein Foto von jedem in der Gruppe, Fotokopiergerät. Mit dem Fotokopiergerät fertigen wir zwei Fotokopien des jeweiligen Fotos an. Wir sollten dabei darauf achten, daß die Kopien etwa gleichgroß sind. Nun schneiden wir die Fotos auf den Kopien aus. Diese Fotos von der ganzen Gruppe werden nun mit dem Bild nach unten auf den Tisch gelegt. Nach der Regel des Memory-Spiels sollen nun die beiden gleichen Fotos herausgesucht werden. Zum Schluß nennen wir die Freundinnen und Freunde mit Namen, die wir beim Spiel gewonnen haben.

Karens Puppe

Oh, wie ärgerlich ist Karens Mutti!
So böse, daß Karen richtig Angst vor ihr hat.
Mutti hält die Puppe, die Karen von Tante Margot bekommen hat, in der Hand und schwenkt sie wild herum, daß das Wasser nach allen Seiten spritzt.
„Wie kannst du nur so etwas tun!" schreit sie. „Und was sollen wir Tante Margot sagen, wenn sie zu Besuch kommt?"
Dann hält sie die Puppe wieder unter das heiße Wasser aus dem Kran und versucht, mit einer Bürste ihr Gesicht zu säubern. Ebenfalls die schwarzen Arme und Hände und natürlich die Beine.
Aber die schwarze Farbe geht auch mit dem besten Scheuerpulver nicht ab. Da mag Mutti noch so rubbeln und reiben.
„Es war eine so schöne Puppe!" sagt sie. „Und teuer war sie!"
Sie blickt Karen verzweifelt an. „Sie hat dir doch so gut gefallen, und du hast sie dir doch so sehr von Tante Margot gewünscht!"
Seufzend wischt Mutti die Puppe mit einem alten Handtuch trocken.
Nein, sie hat es wirklich nicht geschafft, die Puppe wieder so zu säubern, daß sie wie früher aussieht. Karen hat einen ganz besonders wasserfesten Filzschreiber benutzt, um ihre Lieblingspuppe schwarz anzumalen. Einen von den Filzschreibern, die nicht mehr rausgehen und die Vati extra gekauft hat, damit er bunte Bilder auf die langweiligen weißen Tassen und auf die Gläser malen konnte.

Etwas heller ist das Gesicht der Puppe schon geworden. Vor allem sieht man die vielen Striche von dem Filzschreiber nicht mehr, vielmehr sieht es jetzt so aus, als wäre die Puppe von Anfang an so gewesen.
Ängstlich steht Karen neben Mutti. Ängstlich und ein bißchen froh, weil sie wirklich die schwarze Farbe nicht abwaschen kann und weil durch das Scheuern alles jetzt eigentlich noch schöner geworden ist.
„Du bist doch sonst so vernünftig!" sagt Mutti schließlich und seufzt. „Was hast du dir nur dabei gedacht?"
Karen bleibt stumm. Wenn Mutti so laut ist, traut sich Karen nichts zu sagen, daß sie sich so sehr eine Puppe gewünscht hat, die ihrer besten Freundin ähnlich sieht. In den Schaufenstern gab es nur die üblichen hellen Puppen, keine einzige farbige.
„Ach, Karen!" sagt Mutti nun und streicht sich mit der Hand über die Stirn. „Schließlich ist es ja deine Puppe!" Sie reicht Karen die Puppe in die ausgestreckte Hand, und Karen drückt sie an sich, so fest sie nur kann.
„Ich versteh' das nicht!" sagt Mutti, und ihre Stimme klingt wieder viel leiser, fast so wie sonst immer.
„Morgen wollen wir alle unsere Lieblingspuppen mitbringen!" traut sich Karen jetzt zu sagen. „Frau Traubert hat es erlaubt!"
Frau Traubert ist Karens Klassenlehrerin.
„Aber diese schreckliche Ding willst du doch nicht mitnehmen!" Mutti schüttelt den Kopf. „Du blamierst dich ja damit!"
Wieder muß sie daran denken, daß Tante Margot fast zweihundert Mark für

die Puppe ausgegeben hat, die bisher auch einen ganz besonderen Platz in Karens Puppenecke hatte und jede Nacht mit ins Bett mußte.

Doch Karen schüttelt ernst den Kopf. Nein, blamieren wird sie sich ganz bestimmt nicht. Vielleicht werden einige Kinder sie ungewöhnlich finden. Kann sein, daß auch ein paar lachen werden. Aber das macht Karen gar nichts aus. Sie findet, daß ihre Puppe nicht anders ist als früher, eben nur mit dunkler Haut. Und warum soll sie deshalb auf einmal nicht mehr ihre Lieblingspuppe sein?

„Ist gut, Karen!" sagt Mutti leise und streicht ihr über das Haar. „Schade um die schöne Puppe, aber ich bin dir nicht mehr böse. „Du mußt es aber Tante Margot selbst erklären, wenn sie danach fragt."

Mutti läßt sich nichts mehr anmerken, nimmt sich aber doch vor, morgen früh Karen zur Schule zu bringen. Vielleicht kann sie mit Frau Traubert noch kurz vor dem Unterricht sprechen.

Am nächsten Morgen zieht Karen ihrer Puppe ihr Lieblingskleid an und geht an Muttis Hand zur Schule. Schon bald werden sie von Judy eingeholt, deren Puppe von Mutti ganz besonders bewundert wird. Als Judy dann Karens Puppe sieht, fragt sie nur:„Geht die Farbe nicht ab?" Und Karen schüttelt stolz den Kopf.

„Gefällt dir denn die Puppe?" fragt Mutti.

„Sieht fast so aus wie Samanta!" lacht Judy. Ja, von Samanta hat Mutti schon gehört. Es muß ein farbiges Mädchen irgendwo aus Afrika sein, daß mit seinen Eltern nach Deutschland geflohen ist. Jetzt wohnen sie mit vielen anderen Asylanten in den Baracken, die die Stadtverwaltung hinter dem großen Sportplatz aufgestellt hat. Dort sind die vielen Menschen untergebracht, die aus ihrer Heimat geflohen sind und hoffen, hier immer leben zu dürfen.

Und dann sieht Mutti Samanta vor dem Eingang zur Schule. Sie steht dort allein. Als sie aber Karen erblickt, läuft sie mit schnellen Schritten auf sie zu und umarmt sie.

„Sieh mal, Samanta!" sagt Karen und hält ihr die Puppe hin.

„Wow!" antwortet Samanta nur und zieht eine kleine Puppe aus ihrer Hosentasche.

Eine Puppe, die bestimmt aus dem Supermarkt stammt und sicher nicht viel gekostet hatte. Eine kleine deutsche Puppe mit weißem Gesicht, mit weißen Händen und Beinen und mit Bäckchen, die fast eben so rot sind wie ihre Lippen.

„Deutschland keine anderen!" sagt sie, und ihre Stirmme klingt traurig.

„Schade!" Haben die Kinder in Afrika schwarze Puppen?" fragt Mutti.

„Gar nix Puppen!" antwortet Samanta leise. „Puppe erst seit hier!"

„Ich habe aber jetzt eine Puppe, die wie Samanta aussieht!" sagt Karen stolz. „Und es geht nicht mehr ab! Genau wie bei dir!"

Nach und nach versteht Mutti, warum Karen gestern ihre Puppe bemalt hat.

„Hättest du doch etwas gesagt!" meint sie. „Ich hätte dir eine Negerpuppe gekauft!"

„So eine blöde Puppe will ich nicht!" antwortet Karen kurz und geht nun eingehakt mit Judy und Samanta vor Mutti her die Treppe zur Klasse hinauf.

94

Frau Traubert steht vor der Klassentür. Es ist noch recht früh, so kann Mutti sie direkt ansprechen. „Sehen sie nur, was Karen mit ihrer Puppe gemacht hat!" sagt sie vorwurfsvoll.
Frau Traubert nimmt die Puppe in die Hand.
„Lieb!" sagt sie. „Na, Samanta, gefällt dir Karens Puppe?"

Samanta strahlt. Sie versteht noch so wenig. Doch sie weiß ganz genau, daß Karen ihre Puppe nur wegen ihr so schwarz angemalt hat. Sie drückt sich, so fest sie kann, an ihre Freundin. Und Karen legt den Arm um sie.
Und dann läßt Frau Traubert Karens Mutti einfach stehen und stürmt mit der Puppe ins Klassenzimmer. „Kinder, seht euch mal Karens Puppe an! Ist sie nicht toll?" fragt sie.
Im Nu ist sie von den Kindern umringt, und schon geht die Puppe von Hand zu Hand.
Dann geht Frau Traubert zu Karens Mutter zurück.
„Unzertrennlich sind diese beiden!" sagt sie und blickt zu Karen und Samanta hinüber, die eng umschlungen bei den anderen stehen. „Sie hängen den ganzen Vormittag zusammen. Und Karen hat nicht eher geruht, bis sie neben Samanta sitzen durfte. Es ist so gut für die beiden Mädchen.
„Ja, Karen findet so schwer Anschluß!" sagt Mutti. „Aber die Puppe einfach schwarz anzumalen...!"
„Toll! Wirklich toll!" strahlt Frau Traubert und gibt ihr die Hand.
Als Mutti die Treppe hinuntergeht, möchte sie am liebsten Karen in den Arm nehmen, liebhalten, streicheln....
Aber das geht natürlich jetzt nicht, weil Karen im Unterricht ist. So müssen sich auch erwachsene Leute manchmal lange gedulden.

Aus dem Menschenkinder-Verlagsprogramm

Lustig und lehrreich **Ab 2**

Detlev Jöcker/Lore Kleikamp
1,2,3 im Sauseschritt
Lustig und lehrreiche Muntermacher
auf einer der beliebtesten und erfolg-
reichsten LiederCassetten dieser Zeit.
MusiCassette Best.-Nr. 002-1
CD Best.-Nr. 002-4
Liedpielheft mit Gestaltungsvorschlägen
Best.-Nr. 002-2

Die ersten Lieder **Ab 1**

Detlev Jöcker/Rolf Krenzer u.a.
Komm, du kleiner Racker
Neue Fingerspiel-, Kniereiter- und
Spiellieder. Lustige Ohrwürmer für
die Kleinsten u. Kindergartenkinder.
MusiCassette Best.-Nr. 015-1
Liedpielbuch mit Spielvorschlägen
und weiteren Spieltexten
Best.-Nr. 015-2

Singen, Spielen, Basteln **Von 1-6**

Detlev Jöcker/Lore Kleikamp
Si-Sa-Singemaus
14 fröhliche Muntermacher für
kleine und große Kinder mit weite-
ren Versen, Spiel- und Bastelvor-
schlägen im dazugehörigen Buch
MusiCassette Best.-Nr. 023-1
CD Best.-Nr. 023-4
Buch (96 Seiten) farbig, Pappban..
Best.-Nr. 023-2

Rund um die Gesundheit **Ab 3**

Detlev Jöcker/Rolf Krenzer u.a.
Denkt euch nur,
der Frosch war krank
14 launige Aktions- und Spiellieder
zu Themen wie Zahnpflege, Sport,
Spiel, Umwelt und Sicherheit im Alltag
MusiCassette Best.-Nr. 018-1
Liedpielbuch mit Gestaltungsvorschlä-
gen, Geschichten und einem „Ärztlichen
Ratgeber" Best.-Nr. 018-2

Für die erste Schulzeit **Ab 5**

Detlev Jöcker/Lore Kleikamp
Mile male mule,
ich gehe in die Schule
Neben 14 lustigen und motivierenden
Liedern finden Eltern und Pädagogen
in dem Begleitbuch zahlreiche spieleri-
sche Tips, Übungen und Lernhilfen
MusiCassette Best.-Nr. 019-1
Liedpielbuch Best.-Nr. 019-2

Durch Herbst- u. Winterzeit **Von 3**

Detlev Jöcker/Rolf Krenzer
Lieber Herbst und lieber Winter
Neue Herbst-, Spiel,- Weihnachts-
u. Winterlieder. Buch mit Liedern,
Geschichten, Rätsel, Reimen und
Bastelvorschlägen
MusiCassette Best.-Nr. 024-1
CD Best.-Nr. 024-4
Buch (96 Seiten) farbig, Pappban..
Best.-Nr. 024-2

Sollten Sie an ausführlichen Informationen und an unserem Gesamtprospekt interessiert
sein, schicken wir Ihnen gerne unverbindlich unseren aktuellen Katalog zu.
Menschenkinder Verlag, An der Kleimannbrücke 97, D-4400 Münster, Tel. 0251/329669, Fax 0251/328437